고조선 문명탐구

고조선 문명탐구

초판 1쇄 발행 ｜ 2025년 03월 03일

지은이 ｜ 최상용
펴낸이 ｜ 이연숙

펴낸곳 ｜ 도서출판 덕주
편집주간 ｜ 안영배
책임편집 ｜ 이미동
출판신고 ｜ 제2024-000061호
주소 ｜ 서울시 종로구 삼일대로 457 1502호(경운동)
전화 ｜ 02-733-1470
팩스 ｜ 02-6280-7331
이메일 ｜ duckjubooks@naver.com
홈페이지 ｜ blog.naver.com/duckjubooks

ISBN 979-11-988146-8-5 (03700)

古朝鮮

고조선
문명탐구

한자로 들여다보는 고조선 문화

최상용 지음

도서출판
덕주

차례

3부 신석기와 청동기 및 철기시대의 유적과 유물

4부 고조선의 의식衣食문화

5부 다양한 무덤양식과 제례문화

일러두기

이 책의 한글·한자 병기어 편집 원칙

1. **일반 단어의 병기한자:** 시각적인 복잡함과 난이도를 낮추기 위해 본문보다 글자 크기를 작게
   하고 별색으로 처리합니다.
   예) 경문經文

2. **각장 표제어의 병기한자:** 낱글자로 분리시켜 제자(制字) 원리를 설명하므로, 상징성과 강조를
   위해 괄호처리한 후 본문과 같은 글자 크기를 유지합니다.
   예) 귀 이(耳)와 입 구(口), 그리고 오뚝할 임(壬)으로 짜여 있다. 상대방의 말을 잘 들어주고(耳) 좋은 말씀
   (口)으로 잘 다독이는 데 뛰어난(壬) 사람

3. **한자어의 병기한글:** 한자음에 대한 이해도와 전체 문장 내에서의 가독성을 위해 괄호 처리한
   후 본문과 같은 글자 크기를 유지합니다.
   예) 其(기)가 '그것'이라는 지시대명사로 가차되자 키를 만드는 주재료인 대나무를 뜻하는 대 죽(竹)을 더
   해 '키 箕(기)'를 별도로 만들었다.

들어가는 말

　　요즘 한류韓流의 유장한 물결이 전 세계로 확산되고 있
다. 코리아Korea의 약칭인 K를 머리글자 삼아 음식·팝·뷰
티·아이티·자동차·조선·방산 등 모든 문화 및 산업에 걸쳐
지구촌 사람들의 가슴속으로 스며들고 있다. 이러한 한류의
저변에는 고조선이라는 고대국가를 빼놓고는 설명하기가 쉽
지 않은 요소들이 있다.

　　이에 따라 필자는 고조선의 문화적 흐름이 오늘날까지
도 면면히 이어지고 있음을 '1부 고조선의 문화유산' '2부 한
민족의 언어와 사상' '3부 신석기와 청동기 및 철기시대의 유
적과 유물' '4부 고조선의 의식衣食문화' '5부 다양한 무덤양
식과 제례문화'로 나누어 살펴보았다.

　　세계 4대 문명과도 견줄 수 있는 우리의 고조선 문명은
반드시 알아야 할 자랑스러운 한국인의 문화유산이다. 이렇

게나 유구하면서도 찬란한 우리의 역사를 올바르게 인식하는 것이야말로 오늘과 내일을 살아갈 대한민국의 국민 모두가 갖추어야 할 덕목이라고 생각한다.

이러한 고대문명을 살피는 데 있어서는 한자漢字를 활용하지 않을 수 없다. 한자는 고조선 문명을 이해할 수 있는 키워드라고 할 수 있다. 이는 한자가 우리 민족의 조상인 동이족東夷族에 의해 창안됐기 때문이다. 이러한 주장은 맹목적인 국수주의적 시각이 아니라 중국이나 대만학자들이 주장한 것이기도 하다.

지난 2011년 4월 18일 중국 산시성 푸핑현 성타이 호텔에서 중국과 대만 학자들의 한자의 기원에 대한 학술발표회가 있었다. 이날 중국 창힐문화연구원회 쑨펑孫鵬 회장은 "한자를 처음 만든 창힐은 동이족에 속하는 사람이다. 이는 『한서 예기 오제편』에도 논증이 있다. 동이족이 문자를 창조했다는 것은 의심의 여지가 없다."고 주장했다. 이밖에 중국의 사학자 장원張文과 대만의 문자학자 리징자이李敬齋도 비슷한 논지를 펼쳤다.

요즘은 한류와 함께 한글 역시 세계의 많은 젊은이들이 배우고자 한다. 그런데 한글을 읽고 쓰는 건 쉽지만 그 의미 파악이 어렵다는 반응이 나온다. 이는 우리 말 속의 한자어의 뜻을 이해하지 못하면 깊은 속내를 파악하기가 쉽지 않음을 의미한다. 실제로 우리가 일상에서 사용하는 우리말 중에 70% 이상은 한자어로 구성되어 있다. 그러니 한자어의 의미 파악이 병행되지 않으면 그 뜻이 명확해지지 않는 것도 사실이다. 따라서 이 책에서는 고조선의 면면을 살펴보기 위해 한자를 바탕에 두었고, 세세한 의미 파악을 위해 한자어 풀이를 기본으로 하였다.

필자가 이 책을 저술하게 된 동기는 갈수록 심해지는 중국의 역사 왜곡책인 동북공정과 아직도 청산되지 않은 일제 강점기의 식민사관이 존재하기 때문이다. 중국의 경우 우리의 고대국가인 고조선을 자국의 역사로 편입하고 있고, 일본의 경우엔 고조선을 아예 존재하지도 않은 역사로 취급하려 하기 때문이다.

"역사를 잊은 민족에게 미래는 없다."고 했다. 오늘을 사는 한국인들이 잊혀지고 잃어버린 고조선 문명을 찾고 밝히려 하는 이유이다.

2025년 1월
휴심재休心齋에서 죽곡竹谷 최상용崔桑溶

1부

고조선의 문화유산

01

환인桓因·환웅桓雄·단군檀君을 모시기 위해 구월산에 조성한

삼성사三聖祠

저 멀리 중앙아시아의 카자흐스탄에서는 조선古朝鮮을 건국한 단군왕검을 텡그리天神로 추앙하며, 지난 2016년엔 오래전 귀화한 고려인들을 위해 한글로 새긴 [단군전]이라는 기념주화까지 만들었다.

요즘은 글로벌 시대라서 그런지 역사교과서에서는 배울 수 없었던 우리 고대문화에 대한 내용들과 흔적들이 세계 도처에서 밝혀지고 또 발견되고 있다. 특히 고대사가 그렇다. 중국의 동북공정이라는 역사왜곡 정책에 휩싸인 옛 고조선 지역은 물론 그 이전의 환인·환웅시대의 고대사가 속속 드러

나고 있다.

　아직도 식민사학의 억측이 정화되지 않은 채 그 잔재들이 너울거리는 현실에서 참으로 다행스러운 일이다. 단군은 신화가 아니라 하나의 거대한 역사적 사실이다. 도도히 흐르는 역사의 물결은 잠시 물길을 돌리거나 막을 순 있어도 흐름 자체를 끊기는 어렵다.

　환인桓因·환웅桓雄·단군檀君은 국가의 우두머리인 수반首班, 즉 요즘말로 하면 대통령과 같은 뜻을 지닌 지칭대명사이다. 황해도 구월산에는 삼성사三聖祠라는 사당이 있으며 이곳에서 환인·환웅·단군을 모셔왔다.

　환인으로 대표되는 환국桓國은 서기전 7200년 전 건국해 1세 안파견, 2세 혁서, 3세 고시리, 4세 주우양, 5세 석제임, 6세 구을리, 7세 지위리 환인천제까지 총 3301년 간 지속한 고대 문명국가다.

　그 뒤를 이어 환웅으로 대표되는 신시배달神市倍達국이 열리는데, 오늘날 우리가 개천절로 삼은 음력 10월 3일은 단군조선의 건국일이 아니라 배달국이 건국된 날이다. 배달의 시조 거발환 환웅은 신교의 삼신오제三神五帝사상을 나라의 경영이념으로 삼았다. 삼신은 풍백(風伯: 입법관)·우사(雨師: 행정관)·운사(雲師: 사법관)를 설치하고 오가에게 곡식

▲ 환인·환웅·단군이 모셔져 있는 지리산 삼신봉 자락의 삼성궁 건국전(출처: 안영배 『수토기행』)

(우가牛加: 주곡主穀)·왕명(마가馬加: 주명主命)·질병(저가猪加: 주병主病)·형벌(구가狗加: 주형主刑)·선악(양가羊加: 주선악主善惡) 등 다섯 가지 정사를 맡겨 인간사 360여 가지를 주관하게 하였다. 특히 『태백일사』 「소도경전본훈」에는 "일신강충一神降衷: 하나님이 참된 속마음을 내려주셨으니, 성통광명性通光明: 본성으로 밝은 빛인 광명에 통하게 하여, 재세이화在世理化: 세상에서 다스리고 교화하여, 홍익인간弘益人間:

인간세계를 널리 이롭게 하라.”는 환웅의 가르침이 전해오고 있다.

배달국은 초대 거발한 환웅천왕으로부터 18대 1565년간 지속되었다. 그리고 18번째 거불단 환웅천왕은 제후국인 웅씨국熊氏國 왕검의 딸을 왕비로 맞아 아들인 단군檀君을 낳았다. 이로써 웅씨국의 최고지도자인 단군왕검이 탄생하게 된다.

나라이름을 '고요한 아침의 나라'인 조선朝鮮이라 하고 도읍지를 현재 만주의 하얼빈으로 추정되는 곳인 아사달阿斯達로 정하였다. 바로 기원전 2333년의 일이다. 제1대 단군왕검을 시작으로 제47대 고열가 단군을 끝으로 장장 2096년이나 지속된 고대왕국이었다.

석 三(삼)은 옆으로 세 개의 선을 그은 모양으로 숫자 '3'을 뜻하는 지사글자이기도 하지만, '거듭' '자주'라는 뜻도 지니고 있다. 이 三(삼)에 대해 허신은 『설문說文』에서 “三은 하늘·땅·사람의 도道를 뜻하며, 자형에서 보듯 一과 二가 짝을 이루어 三이 되었으니 완전수인 성수成數이다.”라고 말하고 있다. 따라서 동양학에서는 삼을 천지인을 뜻하면서도 사물을 이루는 기본수로 인식하고 있다. 천지인뿐만 아니라 삼태극三太極에서 보여주듯 삼원사상三元思想도 확립하게 되었다.

성스러울 聖(성)의 구성요소는 귀 이(耳)와 입 구(口), 그리고 오뚝할 임(壬)으로 짜여 있다. 옛사람들은 상대방의 말을 잘 들어주고(耳) 좋은 말씀(口)으로 잘 다독이는 데 뛰어난(壬) 사람을 성인聖人이라 추앙하였다. 즉 사람들의 마음을 잘 헤아려 가르침을 펼치는 데 뛰어난 사람이라는 의미를 담고 있다.

사당 祠(사)는 보일 시(示)와 맡을 사(司)로 이루어졌다. 示(시)는 제사를 지내기 위한 제단祭壇을 본뜬 상형글자이다. 자형 상부의 一(일)은 조상신이나 천신에게 올리는 제물을, 가운데 자형(丁)은 제단을, 그리고 좌우로 삐친 자형(八)은 제물에서 흘러나온 피를 의미하는 것으로 본다. 『설문』에서는 司(사)에 대해 "司는 신하로서 밖에서 정사를 맡은 사람이다. 后(후)를 반대로 한 모양으로 구성되었다."고 하였다. 갑골문이나 금문에도 보이는데, 입 구(口)를 제외한 자형이 사람의 모습과 흡사하다. 그래서 입(口)으로 뭔가를 지시하는 사람(亻)이라는 뜻으로 해석할 수 있다. 祠(사)의 전체적인 의미는 조상의 신위(示)를 모셔놓고 웃어른의 지시(司)에 따라 제사를 지내는 곳, 즉 '사당'을 뜻한다.

삼성사三聖祠란 상고시대를 이끈 우리민족의 영적 지도자인 환인·환웅·단군이라는 세(三) 성인(聖)을 추모하고 기리기 위해 지은 사당祠堂이다.

02

환국시대부터 입에서 입으로 전해온 민족의 경전

천부경 天符經

· · ·

    구한말의 사상가인 전병훈全秉薰 1857년~1927년은 중국으로 건너가 1920년 『정신철학통편精神哲學通編』을 저술하였다. 이 저서는 2책[상책上冊·하책下冊] 3편[상편上編·중편中編·하편下編]의 6권으로 구성되었다. 각 권을 다시 장절章節로 나누어 서술하는 근대적인 체계를 따르고 있다. 내용상 천부경 주해·정신철학·심리철학·도덕철학·정치철학의 5개 범주로 구분돼 있다.

    그는 특히 '천부경 주해'에서 "동방의 현인 선진仙眞 최치원이 말하였다. 단군檀君의 《천부경》 팔십일 자는 신지神志

의 전문篆文인데 옛 비석에서 발견되었다. 그 글자를 해석해 보고 삼가 백산白山에 각을 해두었다. 내가 살펴보건대 최치원은 당나라에 가서 진사進士가 되었다가 한국에 돌아와서 신선이 된 사람이다. 이 경문經文이 작년 정사년丁巳年 1917년에 이르러 처음으로 한국의 서쪽 영변寧邊 백산에서 출현하였다. 약초를 캐는 도인 계연수라는 분이 백산의 약초를 캐기 위해 깊은 골짜기까지 들어갔는데 석벽에서 이 글자를 발견하고 조사照寫했다고 한다. 나는 이미 《정신철학》을 편성하고 바야흐로 인쇄에 맡길 것을 계획하였을 때 우연히 유학자 윤효정으로부터 《천부경》을 구득하였는데 참으로 하늘이 주신 기이한 일이었다."라고 언급하고 있다.

그 천부경天符經 9×9 =81자의 원문을 그대로 옮겨본다. 이에 대한 해석은 보는 각도에 따라 다양하다.

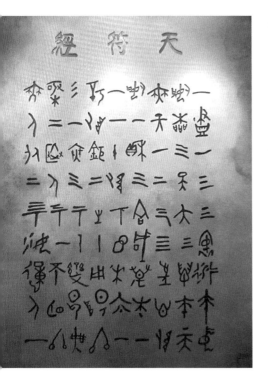

▲ 천부경 원문

一始無始一析三極無　일시무시일석삼극무

盡本天一一地一二人　진본천일일지일이인

一三一積十鉅無匱化　일삼일적십거무궤화

三天二三地二三人二　삼천이삼지이삼인이

三大三合六生七八九　삼대삼합육생칠팔구

運三四成環五七一妙　운삼사성환오칠일묘

衍萬往萬來用變不動　연만왕만래용변부동

本本心本太陽昂明人　본본심본태양앙명인

中天地一一終無終一　중천지일일종무종일

　　하나一에서 시작된 무無는 시작된 하나一로 쪼개 나누면
삼극三極이지만 그 근본은 다함이 없다. 천신은 첫 번째이고
지신은 두 번째이며, 인신은 세 번째이다. 하나에서 쌓여 열
로 커지지만 부족함이 없이 셋으로 변화한다. 하늘에도 2와
3이 있고, 땅에도 2와 3이 있으며, 사람에게도 2와 3이 있다.
이 천지인이 크게 합하여 육이 되며 칠·팔·구가 생성된다. 그
운행은 3·4로써 성환成環하고 5와 7은 1로써 묘연妙衍하여 만
왕만래하여도 그 용도는 변하지만 그 근본은 움직이지 않는
다. 본마음은 태양과 같아서 높고 밝다. 사람 안에는 하늘과
땅이 하나여서 그 하나의 끝남은 무無로 끝나지만 하나이다.

하늘 天(천)은 큰 대(大)와 한 일(一)로 이루어진 회의 글자다. 大(대)는 사람이 두 팔다리를 활짝 벌리며 서있는 모습을 정면에서 바라본 상형글자이다. 사람의 일반적인 모습에 비해 최대한 크게 보이는 형체여서 '크다'는 뜻으로 쓰여 왔다. 一(일)에 대해 허신은 『설문』에서는 "一은 유추해보면 처음의 태극(太極)이며, 도(道)는 一을 바탕으로 하늘과 땅을 나누어 만들고 만물을 화육시켜 이루어 내었다"라고 밝히고 있다. 즉 一을 만물의 근원인 태극으로 보았다. 따라서 글자의 제작에 있어서도 지사글자인 一은 모든 자형의 근본이 되고 있다. 그 뜻은 '첫째', '처음'을 의미하면서도 만물의 근본이기에 '전체'라는 뜻도 지니게 되었다. 따라서 天(천)의 전체적인 의미는 사람(大)의 머리 위로 끝없이 펼쳐진 허공(一)을 표시하여 '하늘'이란 뜻을 부여하였다.

부신 符(부)는 대나무를 상형한 대 죽(竹)과 줄 부(付)로 이루어졌다. 付(부)는 사람 인(人)과 손을 뜻하는 촌(寸)으로 짜여 있는데, 그 의미는 다른 사람(人)에게 손(寸)을 써서 무언가를 '건네주다'는 뜻뿐만 아니라 '붙어있다'는 뜻도 담겨 있다. 따라서 符(부)의 전체적인 의미는 대나무를 쪼갠 대쪽(竹)에 글을 써서는 두 쪽으로 쪼개어 나머지 한 쪽을 줌

(付)으로써 군사의 발동권을 부여했던 '병부'라는 뜻으로 쓰였다. 나중에는 '증표'란 뜻도 지니게 되었으며, 상서로운 뜻이 담긴 '예언서'라는 뜻으로도 쓰인다.

경서 經(경)의 구성은 가는 실 사(糸)와 물줄기 경(巠)으로 짜여 있다. 糸(사)는 가느다란 실을 감아놓은 실타래 모양을 본뜬 상형글자이다. 巠(경)은 땅(一) 속의 빈 공간(工)으로 흐르는 물줄기(巛)를 말한다. 따라서 經(경)의 전체적인 의미는 베를 짤 때 세로로 맨 날줄(糸)과 함께 땅 속 물길의 가로 흐름(巠)을 나타내는 줄기라는 데서 '씨줄'이라는 뜻을 지니게 되었다. 또한 성인의 날줄과 씨줄 같은 말씀이 담겼다 하여 '경서'라는 뜻과 함께 삶의 지침으로서의 '도리'라는 의미를 지니게 되었다.

천부경天符經이란 모든 사람의 숭앙의 대상이 된 하늘(天)로부터 내려받은 예언(符)적 정보를 담은 경전(經)이란 의미가 담겨 있다.

03

고조선을 개국한 지도자로서의 신앙적 위계와 추모

단군왕검 檀君王儉

. . .

　현재까지 알려진, 역사에 기록된 한반도 최초의 국가는 단군왕검이 세운 '조선朝鮮'이다. 다만 후대 사람들이 이성계가 창건한 이씨조선과 구별하기 위해 '옛'이란 의미의 '옛 고古'를 덧붙여 '고조선古朝鮮'이라 불렀던 것이다. 이러한 단군과 조선에 관한 기록은 13세기 말 고려시대 일연 스님이 저술한 『삼국유사三國遺事』에 나와 있다. 원문은 다음과 같다.

　"위서魏書에 이르길 '지금으로부터 2천 년 전에 단군왕검이 있었는데, 도읍을 아사달로 정하고 나라를 창건하여 이름을 조선이라고 하였으니 요임금과 같은 시대이다.'라고 하였다."

魏書云위서운: 乃往二千載내왕이천재, 有壇君王儉유단군왕검, 立都阿斯達입도아사달, 開國號朝鮮개국호조선, 與高同時여고동시

여기서 요임금을 고高라 쓴 것은 고려 정종의 이름이 요堯라서 그걸 피하기 위해 음이 비슷한 高를 차용한 것이다.

『삼국유사』의 원문에는 단군의 '단'이 한자어 '단 壇단'으로 돼 있으나 후대로 오면서 '박달나무 檀단'자로 바꾸어 쓰고 있다. 고려와 조선시대를 거치며 현재 남아 있는 단군에 관한 기록은 『삼국유사』 외에도 『제왕운기』 『세종실록지리지』 『단군세기』 등 여러 판본들이 있다. 근대에 들어와서 단재 신채호가 대표적으로 단군을 신앙의 대상이자 집권군주로 조명하였다. 더 나아가 나철은 민족종교로 대종교를 조직화하기도 하였다. 대한민국임시정부에서는 고조선을 개창한 음력 10월 3일을 개천절開天節로 하였으나 음력은 양력으로 바꿔 활용하기가 쉽지 않아 1949년 10월 1일 [국경일에 관한 법률]에 의거 양력 10월 3일을 국경일로 하였다.

21세기 최첨단 문명시대를 사는 우리가 고조선의 건국

▲ 사직동 단군성전에 봉안되어 있는 단군왕검 영정(출처: 시몽포토에이전시 연합뉴스)

이념인 '홍익인간弘益人間, 재세이화在世理化'와 단군왕검을 내세우는 이유는 여기에 인간이 중심이 되는 인본주의적 정신이 함축되어 있기 때문이다.

박달나무 檀(단)의 구성은 신령스런 나무(木)와 믿음 단(亶)으로 이루어져 있다. 亶(단)은 곳집 름(㐭)과 아침 단(旦)으로 구성되었다. 㐭(름)은 수확한 곡식을 넣어두는 창고의 모양을 상형한 것으로 곳간이나 창고의 뜻을 지닌 '곳집 廩(름)'의 옛글자다. 旦(단)은 동쪽 땅(一) 위로 해(日)가 솟아오르는 모양을 그려내 '아침'이란 뜻을 담고 있다. 곧 亶(단)은 일용할 양식이 가득 들어차 있는 곳간(㐭)에 찬란한 아침 햇살(旦)이 비추는 것이니 주인 된 입장에서는 보는 것만으로도 '미덥고' 마음이 '도탑다'는 의미이다. 따라서 檀(단)이라는 글자는 천지의 신에게 제사를 지내기 위해 장방형으로 된 창고(亶)처럼 믿음(亶)의 대상이 된 터에 서 있는 신단수(木)라는 뜻이 담겨 있다. 또는 신단수와 관련한 믿음(亶)의 대상이 된 나무(木)라는 뜻이 담겨 있다.

　임금 君(군)의 구성은 다스릴 윤(尹)과 사람의 입모양을 본뜬 입 구(口)로 이루어졌다. 尹(윤)은 지휘봉 역할을 하는 지팡이(丿)를 오른손(彐=又)으로 쥐고 있는 모양을 그려낸 것으로, 권위의 상징인 지팡이를 쥐고 있기에 '다스리다'라는 뜻을 부여하였다. 따라서 君(군)에는 통치의 상징인 지팡이를 오른손에 쥐고(尹)서 입(口)으로 명령을 내릴 수 있는 사람이 곧 '임금'이나 '주권자'라는 뜻이 담겨 있다.

임금 王(왕)에 대해 허신은 『설문』에서 "王은 천하가 돌아가는 곳"이라며, 가로의 삼 획이 의미하는 하늘 땅 사람을 관통하는 것이 왕이라고 규정하고 있다. 즉 제일 상부의 一은 하늘(天), 가운데 一은 땅(地), 제일 아래 一은 사람(人)을 의미하는데, 이 셋을 아울러 관통(丨)할 수 있는 사람이 곧 왕(王)이라는 것이다. 따라서 천지인을 관통한 왕은 하늘의 천신(天神)을 향해서는 천제(天祭)를, 곡식을 관장하는 지신(地神)을 위해 지제(地祭)를 지내며, 왕실을 있게 한 인신(人神)에 해당하는 조상신을 위해 종묘(宗廟)에서 제사를 주관하게 된다.

검소할 儉(검)의 구성은 사람 인(人)과 다 첨(僉)으로 이루어졌다. 亻(인)은 서 있는 사람을 옆에서 본 모양을 본뜬 人(인)의 변형자이며, 다른 부수의 좌변에 주로 놓는다. 僉(첨)은 모일 집(亼)과 사람의 입을 뜻하는 두 개 입 구(口)와 두 개의 사람 인(人)으로 짜여 있는데, 여러 사람이 한데 모여 이구동성(異口同聲)으로 말한다하여 '모두' 혹은 '다'라는 뜻을 지니게 되었다. 따라서 儉(검)은 많은(僉) 사람(亻)들이

나누다 보니 '검소하다' '넉넉하지 못하다' 등의 의미를 담게
되었다.

단군왕검檀君王儉이란 기원전 2333년 고조선을 건국
한 제사장으로서의 단군(檀君)과 정치적인 일을 이끄는 지도
자로서의 왕검(王儉)을 뜻하는 우리민족을 대표하여 나타내
는 성어다.

04

우리 한민족만이 갖는 고유한 형태의 제천단이자 성지

참 성 단塹星壇

한반도의 중심부 강화도엔 우리민족의 성지인 참성단塹星壇이 있다. 마니산摩尼山 꼭대기에 있는 제단이다. 상고 시대 고조선을 개국한 단군왕검檀君王儉이 쌓았다고 전해지고 있으며, 1964년 7월 11일 대한민국의 사적 제136호로 지정되었다. 그곳이 영산靈山인 이유는 명당의 한 조건이 되고 있는 자기장磁氣場이 한반도의 어느 곳보다도 월등하게 세다는 것이다.

화강암을 기반으로 한 마니산 정상에 축조한 참성단은 하늘은 둥글고 땅은 네모진 천원지방天圓地方의 사상을 함유

▲ 강화도 마니산 참성단. 단군 관련 문헌기록에 의하면 단군왕검이 제단을 쌓고 하늘에 제사를 지낸 곳으로 전해지며, 고려·조선시대에는 단군에게 국가제사가 행해지기도 하였다(출처: 전성영 연합뉴스).

하고 있는데, 이는 곧 하늘과 땅의 기운이 조화롭게 교류돼 세상의 평화로움을 상징하는 주역의 지천태괘地天泰卦를 나타내려 한 것이다. 하부는 자연석을 기초로 하여 둥글게 연못塹처럼 쌓아 올렸는데, 이는 곧 둥근 하늘을 상징한다. 이러한 바탕 위에 땅을 의미하는 사각형의 제단을 축조하였다.

그래서인지 고조선은 물론 고려와 조선의 왕조들에서는 매년 봄과 가을에 천제天祭를 올려 국태민안을 기원하였다. 조선 세종世宗 12년 1430년부터는 2품 이상의 관원을 보내기 시작했다. 인조仁祖 17년 1639년과 숙종肅宗 26년 1700년에

단을 고쳐 쌓았다는 기록이 있다. 1716년에는 강화유수 최석항崔錫恒이 참성단을 중수하였다는 기록이 '참성단 중수비'에 남아 있다. 8·15 광복 이후엔 대종교의 영향을 받아 개천절이 제정되면서 참성단도 민족의 성지로 이해하는 전통이 그대로 이어져오고 있다.

이러한 참성단은 우리 한민족만이 갖는 고유한 형태의 제천단祭天壇이다. 대한제국 및 일제강점기 시대에는 단군을 숭배하는 대종교가 성립하였고 강화도는 단군시대 정치중심지의 하나로 인식되었다. 그래서 온 국민의 화합을 다지는 전국체전의 성화를 채화하기도 하였다. 참성단을 민족성지로 서술한 기록으로는 김교헌金敎獻의 『신단실기神檀實記』북애자北崖子의 『규원사화揆園史話』, 대야발大野勃의 『단기고사檀奇古史』, 그리고 『대종교중광육십년사大倧敎重光六十年史』 등이 있다.

구덩이 塹(참)의 구성은 벨 참(斬)과 흙 토(土)로 짜여 있다. 斬(참)의 구성은 수레 차(車)와 도끼 근(斤)으로 이루어졌다. 車(차)는 우마차의 모양을 본뜬 상형글자이다. 갑골문을 보면 현재의 자형보다 훨씬 자세하게 그려져 있다. 현재 자형에서는 하나의 바퀴(曰)만을 그려놓았는데, 중앙의

'丨'은 굴대를 나타냈고 아래위의 '二'는 바퀴가 빠지지 않도록 고정시킨 굴대의 빗장이다. 갑골문에 보이는 것처럼 고대의 수레는 두 바퀴로 만들어졌는데, 두 마리의 말이 끄는 게 일반적이었다. 斤(근)의 모양에서 가로획(一)은 도끼의 머리와 날을, 세로획(丨)은 자루를 본뜬 것이며 좌변(厂)은 도끼날을 받는 나무와 같은 대상물을 본뜬 상형글자이다. 따라서 斬(참)의 의미는 고대에 행해진 형벌에서 칼이나 도끼(斤)로 목을 베거나 사지를 마차(車)에 묶어 능지처참하였다는 데서 '베다' '끊다'는 뜻을 지니게 되었다. 土(토)는 갑골문에는 흙무더기를 쌓아 놓은 모습이나 일부에서는 땅(一)에 초목(十)이 나는 모습을 본뜬 글자라고도 한다. 이에 따라 구덩이 塹(참)의 전체적인 의미는 흙이나 돌(土)등을 도끼로 베어(斬)낸 듯 움푹하게 만든 '구덩이' '웅덩이' 등을 의미한다.

별 星(성)은 해 일(日)과 날 생(生)으로 구성되었다. 초기의 글자형태를 보여주는 갑골문에는 별을 본뜬 여러 개의 동그라미와 生(생)자를 그린 모양이었다가 금문으로 오면서 세 개의 별(晶)을 生(생)자 위에 그렸다. 밤하늘에 빛나는 수많은 별들을 셋(晶)으로 표현한 것이다. 보통 사물을 표현할 때 '셋'은 전체를 의미하기도 한다. 진나라 때의 소전체까지만 해도 둥근 세 개의 별을 표현하였으나 해서체가 일반화 되면서 오늘날과 같이 별이 하나로 줄어들었다. 자형하부의 生(생)은 땅거죽(土)을 뚫고 자라나는 풀(屮)을 본떠 '낳다' 라는 뜻을 부여했다. 따라서 星(성)의 전체적인 의미는 어두운 밤하늘에 반짝반짝 빛(日)을 내는(生) '별'이라는 뜻을 담고 있다.

　　단 壇(단)의 구성은 흙무더기를 쌓은 모양을 상형한 흙토(土)와 믿음 단(亶)으로 이루어져 있다. 亶(단)은 곳집 름(㐭)과 아침 단(旦)으로 구성되었다. 㐭(름)은 수확한 곡식을 넣어두는 창고의 모양을 상형한 것으로 곳간이나 창고의 뜻을 지닌 '곳집 廩(름)'의 옛글자다. 旦(단)은 동쪽 땅(一) 위로 해(日)가 솟아오르는 모양을 그려내 '아침'이란 뜻을 담고 있다. 亶(단)은 일용할 양식이 가득 들어차 있는 곳간(㐭)에 찬란한 아침햇살(旦)이 비추니 주인 된 입장에서는 보는 것만으로도 '미덥고' 마음이 '도탑다'는 의미이다. 따라서 壇(단)의 전체적인 의미는 천지의 신에게 제사를 지내기 위해 장방형으로 된 창고(亶)처럼 흙(土)을 쌓아올려 만든 '단'이나 '제터'라는 뜻을 지니게 되었다.

참성단塹星壇이란 하늘을 상징하는 원형의 돌담(塹)을 축조하고 그 위에 땅을 상징하는 네모진 모양의 단(壇)을 쌓아올려 우리민족의 상징과도 같은 북두칠성(星)에 제례를 올리는 곳이라는 의미를 담고 있다.

05

난공불락의 성城이란 의미를 지닌 고조선의 수도

아사달阿斯達

• • •

옛 조선의 서울인 수도 아사달阿斯達은 어디일까? 일연이 저술한 『삼국유사』에서 인용한 『고기古記』는 물론 『위서魏書』에 따르면 단군조선의 수도는 아사달이며 건국 시기는 고대 중국의 요堯임금과 같은 시기라 했다. 단군왕검이 평양성에 고조선을 세웠다가 백악산白岳山의 아사달로 도읍지를 천도하여 이후 대략 1,500년간이나 국권이 이어졌다. 그러다 동이족이 주축이 된 고대국가 상나라가 멸망한 후 고조선으로 망명한 기자箕子의 무리를 피해 도읍을 장당경藏唐京으로 옮겼다고 한다.

『삼국유사』와 더불어 단군조선에 대한 가장 오래된 기록 중 하나인『제왕운기帝王韻紀』는『본기本紀』라는 현전하지 않는 기록을 인용하였고,『동국통감東國通鑑』과『동사강목東史綱目』에도 아사달이 고조선의 수도였음을 서술하고 있다. 그러나 아쉽게도 아사달의 정확한 위치는 밝혀지지 않았다. 다만 추측할 수 있는 근거로는『삼국유사』에서 지칭한 '백악산白岳山' 또는 '궁홀산弓忽山' 혹은 '금미달今彌達'이라고 한 점을 들어 지금의 하얼빈哈爾濱 Harbin이 아닐까 하고 유추할 뿐이다.

그러나 보다 멀리 히브리어의 모어母語랄 수 있는 산스크리트어로 아사달阿斯達 Asaddhar은 "a holy city, invincible castle, strong hold=거룩한 도시이자 무적의 성인 요새"를 뜻하여 '난공불락의 성城'을 의미한다고 볼 수 있을 것 같다.

따라서 히브리어로 요새라는 뜻을 가진 '마사다'히브리어 מצדה가 아사달阿斯達의 원뜻에 더 가까울 수도 있다.

이러한 고조선은 제정일치사회였지만 형벌제도를 운용할 만큼 국가적인 면모를 보이고 있었다. 바로 '팔조법금八條法禁'이다.『한서漢書』「지리지地理志」에는 전체적인 내용 중 3개 조항만 보이는데, "① 사람을 죽인 자는 사형에 처한다.

② 남에게 상해를 입힌 자는 곡물로써 배상한다. ③ 남의 물건을 훔친 자는 데려다 노비로 삼으며, 속죄하고자 하는 자는 1인당 50만 전錢을 내야 한다." 나머지 조항은 위서논란이 끊이지 않고 있지만 『한단고기桓檀古記』에도 전하고 있다. "④ 소도를 훼손한 자는 금고禁錮형에 처한다. ⑤ 예의를 잃은 자는 부역에 동원시킨다. ⑥ 게으른 자는 군에 복역시킨다. ⑦ 음란한 자는 태형笞刑으로 다스린다. ⑧ 남을 속인 자는 잘 타일러 방면한다."는 내용이다.

언덕 阿(아)의 구성은 언덕 부(阝)와 옳을 가(可)로 이루어졌다. 阝(부)는 인공으로 만든 계단을 본뜻으로 한 阜(부)의 약자(略字)다. 갑골문을 보면 인공적으로 만든 계단 모양이다. 고대 황하유역 사람들은 거주지였던 토굴을 오르내리기 쉽게 통나무를 깎아 계단을 만들었다고 한다. 또한 높은 언덕도 오르내리기 쉽도록 흙을 깎아내 계단을 만들었는데 본뜻인 '계단'보다는 '높은 언덕'이라는 의미로 확대되었다. 可(가)에 대한 해석은 두 개로 나뉜다. 'ㄱ'자 모양의 농기구로 땅을 일구면서 입(口)으로 노래를 부른다는 것과 누군가 뭔가를 요청했을 때 잠시의 주저함도 없이(ㄱ, '숨막힐 고'의 반대 모양) 입(口)에서 나오는 소리는 곧 '옳다'

거나 '허락'한다는 것을 의미한다고 보는 견해이다. 따라서 阿(아)의 전체적인 의미는 언덕이나 계단(阝)을 오를 때처럼 허리를 굽히고 옳다(可)고만 한다는 데에서 '아첨하다' '알랑거리다'는 뜻을 지니게 되었으며, '언덕' '산기슭'이란 뜻도 파생하였다.

이 斯(사)는 그 기(其)와 도끼 근(斤)으로 이루어졌다. 其(기)는 갑골문과 금문에도 보이는데, 양 손으로 잡고(廾)서 곡식의 알갱이와 쭉정이를 골라내는 데 쓰이는 대나무를 쪼개 만든 문양이 깃든 '키'를 말한다. 그런데 其(기)가 '그것'이라는 지시대명사로 가차되자 키를 만드는 주재료인 대나무를 뜻하는 대 죽(竹)을 더해 '키 箕(기)'를 별도로 만들었다. 斤(근)은 도끼모양을 본뜬 것으로, 자형에서 가로획(一)은 도끼의 머리와 날을, 세로획(丨)은 자루를 본뜬 것이며 좌변(厂)은 도끼날을 받는 나무와 같은 대상물을 본뜬 상형글자다. 이에 따라 斯(사)는 외적이나 침략자들을 방어하기 위해 도끼(斤)를 늘 놓아둔 그곳(其)이라는 데서 '이곳' '이것'이라는 뜻을 부여하게 되었다.

통달할 達(달)은 쉬엄쉬엄 갈 착(辶)과 어린 양 달(羍)

의 상부자형이 토(土)모양으로 변한 자형으로 구성되었다. 辶(착)의 본래 자형은 辵(착)으로, 가다(彳) 서다(止)를 반복하며 쉬엄쉬엄 가다는 뜻을 지닌다. 羍(달)은 큰 대(大)와 양 양(羊)으로 구성되었는데, 두 팔과 다리를 최대한 벌려 보다 큰 모습을 보이려는 사람의 정면을 본뜬 상형자인 '大(대)'는 여기서만은 사람이 아닌 새끼 양보다 큰 어미 양을 뜻한다. 羊(양)은 예부터 상서롭게 여긴 이 동물의 두 뿔과 몸통 및 네 발 그리고 꼬리모양을 본뜬 상형글자다. 즉 어린 양(羊)이 몸집이 큰 어미 양(大)의 젖을 빠는 모양을 나타내 '새끼 양'이란 뜻을 지니게 되었다. 따라서 達(달)의 전체적인 의미는 어린 새끼 양(羍)이 이미 주변 환경에 익숙한 어미 양에게 나아간다(辶)는 데서 '이르다'는 뜻을 지니게 되었으며, 또한 새끼 양(羍)이 주변 환경에 통달한 어미 양을 따라 익혀간다(辶)는 데서 '통달하다' '갖추다' '구비하다'의 뜻도 지니게 되었다.

아사달阿斯達이란 견고한 무기 등으로 무장(斯)한 요새와 같은 언덕(阿) 위에 생활하며 지킬 수 있는 모든 것을 갖춘(達) 고조선의 한 때 수도를 말한다.

06

동북아의 옛 조선 땅에서 생성되어 샤먼의 기원이 된

무교巫敎

․
․
․

고대 동북방의 나라인 고조선은 무교巫敎를 바탕으로 한 제정일치祭政一致의 사회였다. 고대 국가에서는 추수가 끝나는 10월경에는 하늘에 감사하는 제천의례가 국가적으로 행해졌다. 이러한 사실은 진수陳壽가 기록한 『삼국지三國志』 「위지魏志·동이전東夷傳」에 전해오고 있다. 바로 온 백성들이 한데 모여 하늘에 제사를 지내고 낮과 밤을 이어 술을 마시고 노래와 춤을 추는 음주가무飮酒歌舞 의식을 무천舞天이라고 한다고 했다. 이는 동이족만의 제천의식으로 샤머니즘적인 요소가 가미된 것이었다.

다시 말해, 고대 동북아 지역은 샤먼Shaman을 중심으로 사회구조가 형성되었다고 볼 수 있다. 샤먼이라는 말은 시베리아의 통구스어로 망아忘我상태 중에서 영적교류능력을 통해 지식을 얻는 종교적 능력자를 의미하며 우리나라의 무당巫堂이나 북미 인디언의 주의呪醫와도 일맥상통한다고 볼 수 있다.

한편 우리나라의 샤머니즘은 무격巫覡을 중심으로 한 주술과 종교적 신앙을 의미하는데, 무속巫俗이라고 표현하기도 한다. 무속의 역사는 오래되어서 『삼국지』에도 고대 조선의 부족국가들이 행한 제천의례인 동맹, 무천 등이 기록되어 있다. 이는 오늘날까지 이어져 오고 있는 촌제村祭의 원형이라 할 수 있다. 이러한 고대의 무속은 국가종교의 위치로까지 격상되기도 하였다. 신라의 왕은 무당의 역할을 겸비하였다고 전해지는 것으로 보아 제정일치祭政一治의 특징이 있었던 것으로 보인다.

샤먼은 사회통합의 중심추적 역할을 수행하기도 한다. 문명화된 요즘 사회에서도 강력한 '카리스마'를 발휘하며 사람들을 규합하고 집단적 영향력을 형성하는 사례는 신흥종교집단에서 심심치 않게 볼 수 있다. 이러한 샤먼적인 카리스마는 역사적으로도 왕이나 수장, 지도자의 권위를 드높이

▲ 조선후기의 전통적 당집 양식인 금성당(서울 진관동)에 모셔진 무녀의 모습(출처: 전재원 연합뉴스)

는 기초가 되는 경우가 적지 않았다.

　　무당 巫(무)자의 자형 상부는 하늘(一)을 하부는 땅(一)을 상징하는데, 하늘과 땅의 계시를 관통(ㅣ)하는 사람들(人人)이란 뜻이 담겨 있다. 다시 말해 신령·정령·죽은 영혼인 사령(死靈) 등과 영적으로 교류하는 능력을 지니고서 예언·치병(治病)·악마 퇴치는 물론 죽은 사람의 넋이 되어 대신 말을 전하는 공수 따위의 행위를 하는 사람이라는 의미를 담고 있다. 이러한 행위를 할 때의 상태를 그려낸 글자가 바로 없을 무(無)자다. 없을 無(무)의 구성은 자형상부의 모양과 불 화(灬)로 짜여 있다하여 회의글자로 분류하고 있지만, 갑골문이나 금문을 보면 사람(大)이 양 손에 대나무 가지 등으로 만든 도구(丰)를 들고서 춤추는 무녀(巫女)의 모습을 그려낸 상형적 글자임을 알 수 있다. 자형하부의 '灬'는 불의 의미로 쓰인 게 아니라 사람의 발과 양 손에 든 장신구를 나타낸 것이다. 요즘도 그렇지만 신이 내려 춤을 추는 무녀는 자신의 의지와는 상관없이 몰아沒我의 경지에서 춤을 춘다. 그래서 일시적으로 자아가 없이 춤추는 무녀의 모습을 보고서 '없다'라는 뜻이 발생했다. 無(무)가 본디 '춤추다'였으나 '없다' 혹은 '아니다'라는 뜻으로 쓰이자, 두 발모양을 본뜬 어그러질 舛(천)을 더해 '춤출 舞(무)'를 별도로 제작하였다.

가르칠 敎(교)의 구성은 효 爻(효)와 아들 자(子) 그리고 칠 복(攵)으로 짜여 있다. 이 敎(교)자는 갑골에 새겨진 자형을 비교적 온전하게 유지해오고 있는 글자 중의 하나이다. 먼저 살펴볼 爻(효)에 대해 허신은 『설문』에서 "爻는 교차한다는 뜻이다. 易(역) 六爻(육효)의 앞머리가 교차하는 것을 본떴다."고 하였다. 고문의 그림에서는 점을 치거나 숫자를 셀 때 썼던 산가지가 흩어져 있는 모양이다. 따라서 자형에 爻(효가) 첨가되면 배울 학(學)이나 깨달을 각(覺)에서처럼 '가르침을 주는 교재'의 뜻을 지니게 된다. 옛날에는 귀족 아이들을 중심으로 육예(六藝), 즉 禮(예: 도덕), 樂(악: 음악), 射(사: 활쏘기), 御(어: 말타기), 書(서: 서예), 數(수: 산수)를 주요과목으로 가르쳤다. 子(자)는 두 팔을 벌린 어린아이의 모양을 본뜬 상형글자다. 攵(복)은 攴(복)의 간략형으로 손(又)에 회초리나 몽둥이(l)를 들고서 친다는 뜻을 지녔다. 일반적으로 글월 문(文)과 비슷하다하여 붙여진 '등(等) 글월 攵(문)'이라고도 하는데 주로 자형의 우변에 놓는다. 따라서 敎(교)라는 글자는 아버지가 회초리(攵)를 들고서 아이(子)에게 효도를 시작으로 세상의 이치(爻)를 가르치고 있는 모양이 그대로 담겨 있다.

무교巫敎란 고대한국 전통 무속신앙의 일종인 무속(巫)을 수단 삼아 백성들을 가르침으로 이끄는 교리(敎)이다.

07

인간의 생명력을 회복할 수 있는 신성한 장소

소도蘇塗

●
●
●

고대 사람들은 천지인은 물론 다양한 명목으로 제의祭儀
를 지냈다. 소속원의 안녕과 사회질서를 위해 하늘에 제사를
지냈던 제의장소가 바로 소도蘇塗다.『후한서後漢書』『삼국지
三國志』『진서晉書』『통전通典』에 소도 기록이 있다. 그 중 자
세한 기록은『삼국지·위서魏書』「한전韓傳」에 "귀신을 믿으
므로 국읍國邑에서는 각기 한 사람을 뽑아 천신에 대한 제사
를 주관하게 하였는데, 이 사람을 천군天君이라 부른다. 또 이
들 여러 나라에는 각각 별읍別邑이 있는데 이것을 소도蘇塗
라 한다. 큰 나무를 세우고 거기에 방울과 북을 매달아 놓고

▲ 부천시 고강동 선사유적지에 소도를 상징하는 솟대가 세워져 있다(출처: 시몽포토에이전시 연합뉴스).

귀신을 섬긴다. 도망자가 그 속에 들어가면 모두 돌려보내지 않아 도둑질하기를 좋아한다. 그들이 소도를 세운 뜻은 마치 부도浮屠를 세운 것과 같으나 그 행해진 바의 선악은 달랐다."는 내용이다.

이 소도에는 큰 나무를 세우고 방울과 북을 매달아 놓았다고 전한다. 소도는 성역이어서 당시 공권력의 힘이 미치지 못했으므로 범죄자들이 도피하기에 딱 좋았다고 하는데, 범죄자들이 이곳으로 피해 살다보니 도적질이 보다 더 성행하였다는 병폐도 생겼다는 것이다.

서양의 경우 중세 도시의 교회나 묘지에도 비슷한 풍습이 있었다고 한다. 그 당시 교회 입구에는 쇠고리가 달려 있었는데, 이걸 잡고 있으면 도둑놈이라도 체포하지 못했다는 것이다. 묘지 입구 역시 신성하게 여겼기 때문에 함부로 들어가지 못해서 도적들의 은신처가 되기도 했다.

예나 지금이나 잠시나마 자신의 행위를 성찰해 볼 수 있는 시간이나 장소가 필요하다. 이는 보다 더 나은 인간 사회의 질서유지를 위해서이기도 하다.

되살아날 蘇(소)의 구성은 풀 초(艹)와 깨어날 소(穌)로 이루어졌다. 艹(초)는 풀 艸(초)의 간략형으로 무성하게 돋아난 풀을 뜻하며 두 개의 싹날 屮(철)로 구성되었는데, 여기서는 약초를 뜻한다. 穌(소)는 고기 魚(어)와 벼 화(禾)로 구성되었다. 魚(어)는 물고기의 모양을 본뜬 상형글자다. 즉 자형상부의 '⺈'모양은 물고기의 머리를, 중간의 '田'모양은 몸통을, 그리고 하변의 '灬'는 지느러미를 나타낸 것이다. 일반적으로 물속에 사는 물고기의 총칭總稱으로 쓰이고 있다. 글자의 초기형태인 갑골문의 자형이 비교적 잘 유지되고 있다. 禾(화)의 자형은 갑골문에도 보이는데, 곡식의 이삭이 익어 수그러진 모습을 본뜬 상형글자이다. 즉 볏대(木)에서 이삭이 영글어 드리워진(丿) 모양을 본뜬 것으로, 벼는 곡식 중에서도 대표성을 갖기 때문에 곡식의 총칭으로 쓰인다. 이에 따라 穌(소)는 신선한 물고기(魚)와 따뜻한 밥(禾)을 먹고서 기운을 차려 '깨어나다'는 뜻을 지니게 되었는데, 여기에 약초를 뜻하는 艹(초)를 더해 병으로부터 '되살아나다'는 뜻을 강조하였다.

진흙 塗(도)는 도랑 도(涂)와 흙 토(土)로 짜여 있다. 涂(도)는 물 수(氵)와 나 여(余)로 구성되었다. 余(여)는 나무(木)로 지붕(𠆢)을 인 작은 집을 의미하는 상형글자인데, 홀로 들어가 있으니 여유롭기도 하였을 것이다. 그래서 '나'를 의미하기도 하고 '남다'라는 뜻도 지니게 되었다. 이에 따라 땅 위 일정한 부분들이 여유롭게(余) 패인 곳이 줄지어 이어지니 물(氵)이 흐를 수 있다는 데서 '도랑' '개천'이란 뜻을 지니게 되었다. 따라서 塗(도)는 늘 물이 흐르는 도랑(涂) 밑의 흙(土)은 진흙탕이 될 수밖에 없다는 데서 '진흙'이나 '비옥하다'는 뜻을 부여받게 되었다.

소도蘇塗는 '솟대' '솔대' '소줏대'등에서 유래됐다. 지신地神이나 천신天神에게 제사한 곳으로 성읍국가 이전 단계인 군장君長 사회에서 천군이 임무를 수행한 곳이며 신전과 같은 위엄을 가지면서 당시 사회의 중심지가 되었다. 제사장으로서의 천군은 통치자와는 별도로 농경의식과 종교의례를 주관하였으며 후에 왕으로서 추대되기도 하였다. 이에 따라 한자에 담긴 의미로 소도蘇塗를 해석하면, '새롭게 생명력을 회복(穌)할 수 있는 물이 흐르는 비옥한 곳(塗)'이라는 뜻이다.

08

신단수의 전통을 이어온 한 마을의 수호신

당산나무堂山樹

●
●
●

우리나라의 마을마다에는 수호신 격인 당산나무가 있었다. 『삼국유사』와 『제왕운기』에 그 기록이 나타난다. 『삼국유사』에 의하면 환웅이 3,000의 무리를 이끌고 태백산정에 있는 신단수神壇樹 아래에 내렸다고 한다. 이러한 맥이 오늘날까지 이어진 것이 바로 마을마다 있는 당산나무다. 당산나무는 신격화된 신목神木으로, 고을지킴이 신이 깃들여 있는 것으로 모셔지기도 하지만 마을 또는 고을의 지킴이 그 자체로 승화되어 있기도 하다.

이러한 당산나무는 신을 접할 수 있는 접신목接神木이기

▲ 내소사 경내에 있는 느티나무. 마을 주민들에 의해 당산나무로 모셔지고 있다(출처: 북앤포토 연합뉴스).

도 하지만 그 스스로 신주로 승격되어 있기도 한다. 나무가 곧 신이라고 할 수 있다. 이에 따라 당산나무는 성스러운 나무인 성수聖樹가 된다. 당산나무 또는 서낭나무는 당산, 도당 또는 서낭당의 핵심적인 주체가 되기도 한다. 당산의 당집 또는 서낭당의 당집과 어울려 있는가 하면 그 자체로 당산 또는 서낭당이 되기도 한다. 그래서 마을사람들이 한데 모여 하늘과 땅에 제사를 올리는 장소가 되기도 한다. 중원지방에서는 볼 수 없는 풍속이다.

집 堂(당)의 구성은 높일 상(尙)과 흙무더기를 쌓아올린 모양을 상형한 흙 토(土)로 짜여 있다. 尙(상)은 여덟 팔(八)과 향할 향(向)으로 이루어졌는데, 向(향)은 벽면을 길게 늘어뜨린 모습과 지붕을 본뜬 집 면(宀)과 집의 입구를 뜻하는 입 구(口)로 구성되었다. 고대 마을의 가옥구조는 중앙의 광장이나 신전을 중심으로 외곽에 배치되어 있는데, 집(宀)의 입구(口)가 모두 중앙의 신전이나 특정 건물을 향하고 있는 것을 볼 수 있다. 그래서 '향하다'라는 뜻과 함께 방향을 나타낼 때 주로 쓰인다. 이에 따라 尙(상)의 의미는 집(向) 중에서도 신전과 같은 특별한 건물은 일반 가옥과는 달리 지붕 위에 깃발(八)과 같은 표식을 하여 모든 사람이 신성하게 '받들어 모시다' '높이다'는 뜻이 담겨 있다. 따라서 堂(당)의 전체적인 의미는 흙(土)을 돋우어 높다랗게 지은 신전과 같은 집(尙)을 말한다.

뫼 山(산)은 세 개의 산봉우리를 본뜬 상형글자로 산봉우리들이 길게 늘어선 '산'을 뜻하게 되었다. 한자에서 셋일 때는 단지 세 개만을 뜻하는 것이 아니라 많은 수를 함축하여 줄인 경우가 많다. 중원의 땅은 끝도 없이 평원으로 이어진 허허벌판이다. 드높거나 올망졸망하게 줄지어 늘어선 산을 보기가 쉽지 않다. 그러나 한반도는 크고작은 산봉우리가 끝도 없이 어우러져 말 그대로 첩첩산중의 산수화와도 같은 온통 산악지방이다.

나무 樹(수)는 나무 목(木)과 세울 주(尌)로 구성되었다. 木(목)은 앞에서 살펴본 바와 같다. 尌(주)는 악기이름 주(壴)와 마디 촌(寸)으로 짜였다. 壴(주)는 나무 받침대(丵) 위에 놓인 북을 본뜬 것인데, 자형의 상부는 북을 장식한 모양이다. 고대에는 壴(주)가 북을 의미하였지만 후에 북의 종류를 총괄하여 북 鼓(고)로 통일하였다. 즉 북(壴)을 손(又)에 막대(十)를 쥐고서 두드린다는 내용을 담고 있다. 寸(촌)은 단독으로 쓰일 때는 '마디'나 '촌수' '마음'이라는 뜻으로 쓰이기도 하며 다른 부수와 합해질 때는 주로 손의 용도로 쓰인다. 그래서 尌(주)는 악기(壴)를 쓰러지지 않도록 손(寸)을 써서 조심스럽게 '세우다'는 뜻을 담았다. 따라서 樹(수)의 전체적인 의미는 악기를 세우듯(尌) 심어져 자라고 있는 나무(木)를 뜻하기도 하며, 악기를 바르게 세우듯(尌) 나무(木)를 '심다'는 뜻도 아울러 가지고 있다.

당산수堂山樹란 마을의 입구나 중앙부에 당산堂山을 조성하고 심은 마을의 보호신격인 느티나무 등을 일컫는다. 『삼국지』「위지 동이전」에 전해지고 있는 소도蘇塗 나무 역시 당산나무의 또 다른 예이다. 이는 곧 고조선에서 신앙했던 신단수의 문화적 그림자로 볼 수 있다. 당산은 한 고을이나 마을의 지킴 신을 모신 성역이었던 것이다.

09

각종 민속놀이를 즐기면서 모두의 소망을 기원하는

정월대보름

⬤
⠇
⬤

왜 사람들은 정월대보름날밤 둥근달을 향해 소원을 빌고 무병장수를 기원할까. 여기엔 대자연을 숭배해온 옛사람들의 지혜가 담겨 있다. 양陽의 기운을 상징하는 태양과는 달리 달은 음陰의 기운인 끌어당기는 수렴의 힘과 함께 응집력이 뛰어나기 때문이다. 그 증거는 바닷가에서 일어나는 조수간만의 차를 보아도 알 수 있다.

우리가 사는 지구는 태양과 달로 상징되는 음양陰陽이라는 두 행성의 힘을 바탕으로 변화를 거듭하고 있다. 이로 말미암아 1년 사계절이 형성되고 밤과 낮이 번갈아가며 만물을 양육하고 있다. 서양이 태양을 보다 중요시했다면 동양은 달을 보다 흠모했다. 그래서 묵객들의 시어詩語 역시 달이 압도적으로 많이 등장한다. 모든 사물들은 안으로 내실을 다지는 겨울철을 겪어야 봄Spring을 맞아 스프링처럼 생명력을 발휘할 수 있다.

정월보름달은 음기가 가득 차 있지만 양기가 커지기 시작하는 봄의 전령이다. 그래서 일 년의 시작을 알리는 정월보름달은 희망의 기운이 차오르기 시작하기 때문에 옛사람들은 자신은 물론 가족의 무탈과 소망을 글로 써서 달집에 매달아 한 해의 꿈을 기원하였다. 반면, 겨울의 전령 음력 팔월 보름달은 음의 기운대로 진입을 알리는 것이기에 희망보다는 지나온 길을 되짚어 보는 반성과 함께 향수와 회한에 빠져들게 한다.

달을 보며 지은 시 두 편을 살펴보자. 먼저 정월달을 가슴에 안으며 읊조린 이황李滉의 〈도산 달밤의 내화〉중 4연이다. "늦게 피는 매화의 참뜻을 내 아노니 추위 타는 나를 위해 일부러 맞춤일세. 어여뿔사! 이 밤 사이 내 병이 낫는다면 밤새도록 보름달과 함께 나를 보고 있으련만…"으로 보름달을 바라보며 치병을 위한 간절한 소망을 담고 있다. 이에 비해 가을 보름달을 바라보며 읊조린 율곡 이이李珥의 〈화석

정〉은 분위기가 사뭇 다르다. "숲 속 정자에 가을이 이미 저물어가니 묵객의 생각 끝없이 일어나는구나. 멀리 보이는 저 물빛은 하늘에 잇닿아 푸르고 서리 맞은 단풍은 햇볕을 받아 붉구나. 산은 외로운 보름달을 토해 내고 강은 만리의 바람을 머금었구나. 변방의 기러기는 어디로 가는가! 울음소리는 석양의 구름 속으로 사라지네"로 외로움과 처량한 신세를 반추하고 있다.

음기로 가득한 정월보름날의 기운을 밝고 생명력 가득한 양기로의 전환을 위해선 불기운을 이용했다. 그래서 정월 대보름엔 유난히 불과 관련한 놀이가 많다. 대나무로 틀을 잡고 짚으로 풍성한 살집을 만들어 동산 위로 달이 떠오르면 불을 붙이는 달집태우기가 대표적이다. 이외에도 이웃마을 사람들 또는 동네사람끼리 편을 나누어 벌이는 횃불싸움, 논두렁과 밭두렁을 태우며 풍년을 기원하는 쥐불놀이, 아이들이 모닥불을 피워놓고 건강을 빌며 나이 수만큼 불 위를 뛰어넘는 잰부닥불 피우기 등이 있다.

설날이 가족 중심의 모임이라면 정월보름날은 마을공동체의 단결과 번영을 위한 축제였다. 동네 사람들이 농악대를 조직하여 집집마다 돌아다니며 땅의 신인 지신에게 안녕을 기원하는 지신밟기, 온 마을 사람들이 편을 갈라 한 해의

▲ 정월 대보름 맞이 쥐불놀이. 음력 정월에 논둑과 밭둑에 불을 놓고 액운을 쫓으며 풍년을 기원한다 (출처: 연합뉴스).

풍년을 점치는 줄다리기, 줄다리기의 머리에 고를 만들어 상대편의 고를 눌러 땅에 닿게 하여 승부를 가르는 고싸움놀이, 동서로 편을 갈라 상대방의 동채를 땅에 닿게 하는 차전놀이, 이웃마을 사람들과 하천을 사이에 두거나 일정한 거리를 두고 돌을 던지며 싸우는 돌싸움놀이, 한 해 동안 다리 병을 앓지 않기 위해 다리를 밟는 답교踏橋인 다리밟기 등 고장마다 다양한 놀이를 행해왔다.

건강장수를 위한 음식도 다채롭다. 호두나 땅콩 등을 깨물어 먹어 한 해 동안 부스럼이 나지 않게 한다는 부럼, 다섯 가지 기운을 북돋기 위해 오곡찹쌀, 차조, 붉은팥, 찰수수, 검은콩으로 밥을 지어 먹는 오곡밥, 보름날 아침에 술 한 잔을 마시면 즐거운 소식을 들을 수 있다는 귀밝이술, 무병장수를 위해 온갖 묵은 나물로 만든 음식 상원채 등이 대표적이다.

보름날에 기원하는 소망, 언제 하는 게 좋을까

그렇다면 이러한 소망을 언제 기원하는 것이 좋을까? 결론부터 말하자면 보름날밤 잠들기 전에 하는 기도가 가장 효과적이다. 특히 건강을 회복하는 데도 이 시간대를 잘 활용하면 큰 효과를 볼 수 있다.

우리 몸의 뿌리라 할 수 있는 대뇌와 뇌간의 역할을 이용하여 '잠에 마법을 건다'면 놀라운 결과를 도출해낼 수 있다. 낮 동안 무수한 정보에 노출되는 대뇌는 불필요 정보까지 뇌간에 전달하여 우리 몸을 피곤하게 하는 반면, 수면시간에는 대뇌의 의식 작용이 쉬고 뇌간만 고유의 역할을 수행하기 때문에 신속하게 신체의 각 기능을 회복시킬 수 있다. 이때 주의할 점은 수면시간에 대뇌에서 이루어진 마지막 의식 작용이 뇌간에 강력한 영향을 미치기 때문에 어떠한 정보를 입력하느냐에 따라 잠의 질이 달라진다는 사실이다.

잠들기 전에 입력한 정보는 잠자는 시간 내내 유지된다.

마지막으로 뇌간에 입력된 정보는 그대로 기상 때까지 유지되고, 뇌간은 그대로 명령을 수행한다. 그런 이유로 다른 어느 때보다 잠자리에 들기 전에 '나는 행복한 사람'이라고 생각하는 것이 우리 몸에 훨씬 강력한 영향을 미친다. 보통 사람은 기상과 함께 하루 일과를 계획하지만, 계획이 끝나면 곧바로 일상으로 돌아가 다양한 생각과 번민에 노출되는 사이 입력한 정보는 금방 지워져 버린다. 그렇기 때문에 어떤 목표를 성취하기 위해서는 아침기도보다는 저녁, 그것도 보름날밤 잠자리에서 하는 기도가 훨씬 강력한 효과를 발휘하는 것이다.

건강관리는 물론 다른 염원도 마찬가지다. 혹시 간절히 이루고 싶은 꿈이 있다면 평소 소원을 위한 노력을 기울이는 한편, 보름날밤에 시간을 내어 경건하고 집중된 상태에서 자신만의 긍정적인 입면入眠의식을 거행해보자. 간단한 방법이지만 놀라운 효과를 볼 수 있을 것이다. 마음으로 꾸미는 자신만의 희망적인 '꿈'은 몸에 그대로 반영되기 때문이다.

10

檀君단군은 신화 아닌 우리 國祖국조
歷代王朝역대왕조의 檀君단군제사, 日帝일제강점기 때 끊겼다

작성자 : 이병도李丙燾

조선일보, 1986년 10월 9일 목요일

*본 기사는 국한문 혼용이었으나 한자는 한글을 병기하였으며 난해한 단어나 문장은 풀어쓰고 편집상 몇 부문은 생략하였음

이병도李丙燾 1896년~1989년는 보성전문학교 법과를 졸업하고 와세다대학에서 사학 및 사회학을 전공하였다. 1925년 조선총독부 산하 조선사편수회에서 이마니시 류의 수사관보가 되어 식민사관 총서『조선사』편찬에 적극 참여하여 민족

의 공분을 샀으나 광복 후에는 경성제국대학 교수를 거쳐 서울대학교 문리대학교 교수로 취임하였고 서울대학교 중앙도서관장, 박물관장, 대학원장과 학술원, 시사편찬위원회, 국사편찬위원회 위원 등을 역임하였다. 진단학회의 친일파 제명운동대상자가 되고, 반민족 특별조사위원회 활동으로 위촉되기도 하나, 이승만의 친일파 우대정책과 6.25 이후 반공국시에 편승하면서 한국 역사학계 최고 원로가 되었다. 다음의 글은 그가 죽기 전 과거의 잘못을 반성하며 쓴 참회록이라고 할 수 있다.

대체 天천이란 말은 여러 가지 의미로 해석되지만, 그 중에서 天천을 君長군장의 뜻으로 해석할 때에는 開天節개천절은 즉 「君長군장을 開設개설한다」는 것이 되므로 開國개국, 建國건국의 뜻이 된다. 그러면 우리의 이른바 開天개천은 즉 最古최고 시조인 檀君단군의 즉위와 開國개국을 의미하는 開天개천이라고 보아야 하겠다.

그런데 三國遺事삼국유사 紀異기이 제1권의 「古朝鮮고조선(王儉朝鮮왕검조선)」條조에 의하면,

『檀君王儉단군왕검이 阿斯達아사달에 도읍하고 國號국호를 朝鮮조선이라 하였다』고 했다.

단군의 아버지 桓雄환웅이 「弘益人間홍익인간」의 理念이념을 가히 실현할 만하므로, 하늘이 그를 인간세계에 내려보내 다스리게 하니, 桓雄환웅이 무리 3천을 이끌고 태백산頂정: 꼭대기 神檀樹下신단수 아래에 내려와, 이곳을 神市신시라 하고 그를 桓雄天王환웅천왕이라고 하게 되었는데, 그는 風伯풍백(風神풍신) 雨師우사(雨神우신) 雲師운사(雲神운신)의 三神삼신을 거느리고 主穀주곡(곡식을 주관) 主命주명(명운을 주관) 主刑주형(형벌을 주관) 主善惡주선악(선악을 주관) 등 무릇 人間三百六十餘事인간삼백육십여사(인간 세상의 360여 가지 일)를 主管주관하였다는 이야기가 있다.

이것은 일견 지상 국가를 천상국가의 한 연장으로 觀念(생각하고 본)한 데서 생긴 신화와 같이 보이나, 이 신화를 검토하면 桓雄환웅천왕의 존재는 실상 지상 국가를 개창한 君長군장이라기보다는 인간사회의 百事백사(온갖 일)를 주관하는 守護神的수호신적 성격을 가진 존재임을 알 수 있다.

(중략)

당시 平壤평양은 다른 곳

金富軾김부식과 같은 史家사가의 태도로 미루어보면 古聖

箕子之宅(옛 성스런 기자의 집)이라고 하지 않고 仙人王儉之宅也(선인왕검의 집이다)라고 한 것은 金富軾김부식의 머릿속에 지금의 평양이 仙人王儉선인왕검의 도읍지인 것은 움직일 수 없는 史實역사적 실재이었기 때문이었을 것이다.

內外史書내외사서들이 한결같이 지금의 평양을 王儉城왕검성이라고 하는 데 이의가 없었던 것 같다. 김부식이 古記고기를 인용한 부분을 보면,

① 史記사기: 삼국사기 地理誌지리지 高句麗條고구려조에서 [古記云朱蒙自扶餘逃難 至卒本: 고기에 이르기를 주몽이 난리를 피해 부여로부터 도망쳐 졸본에 이르렀다.]

② 史記사기 志一지일 祭祀條제사조에서 「古記云祚王二十年春二月設壇祀天地: 고기에 이르기를 온조왕 20년 봄 2월 제단을 쌓고 천지에 제사지냈다.」

③ 史記사기 列傳열전 金庾信上김유신상에서 金春秋김춘추가 講和강화하려고 高句麗고구려에 갔던 기록 가운데 주석을 달기를 「此與本紀眞平王十二年所書一事而小異以皆古記所傳故兩存之: 이는 본기本記에서 진평왕 12년에 쓴 것과 같은 사건이지만 내용은 조금 다르다. 모두 고기古記에서 전하는 것으로써 두 가지

를 모두 남겨 둔다.」라고 하였다.

여기에서 보면 古記고기에는 檀君記史단군기사가 기재되어 있을 뿐 아니라, 그 기록이 高句麗고구려에 金春秋김춘추가 갔던 西紀서기 640년대까지도 남아 있었음을 알 수 있다.

또 金富軾김부식이 史記사기 高句麗本紀고구려본기 東川王동천왕 二一年21년 春二月條춘2월조에서 「平壤者本仙人王儉之宅也 평양은 본래 仙人王儉선인왕검의 택宅」이라고 한 것은 역시 古記고기이거나 檀君記단군기를 인용한 것으로 밖에는 볼 수 없다. 그리고 金富軾김부식은 三國史記삼국사기에서 新羅신라의 六村육촌도 朝鮮조선의 遺民유민이 山間산간에 와서 자리 잡은 것이라고 밝히고 있다.

三國史記삼국사기 卷第一권제일 新羅本記신라본기 第一제일에 보면 「始祖姓朴氏 … 卽位居西干時年十三國號徐那伐先時朝鮮遺民分居山谷之間爲六村: 시조의 성은 박씨 … 13세에 거서간에 올라 국호를 서라벌이라고 하였는데 앞서 조선의 유민이 나누어 산골짜기에 흩어져 살며 6촌을 이루었다.」라고 하였다.

그렇다면 一然일연이 인용한 古記고기의 檀君記載단군기재를 근거 있다고 볼 수 있으며 거듭 언급하지만 金富軾김부식이 평양이 선인仙人단군檀君왕검王儉의 宅택이라고 명기한 데서 古記고기가 檀君記事단군기사를 實載실재하였다고 볼 수 있다. 一然일연이 마치 근거도 없는 古記고기를 들먹여서 檀君記事단군기사를 지어냈다고는 볼 수가 없다.

우리 민족이 여러 차례의 國難국난을 겪으면서도 檀君廟단군묘에 제사하며, 국가의 대행사인 축제 때에는 노래(世年歌)에 의하여 檀君단군의 사적을 전해 내려온 사실은 너무도 명확하다.

세종실록 권40 세종 10년 戊申무신 6월 條조에 柳寬유관의 上書상서를 보면 文化縣문화현 九月山구월산 東嶺동령 허리에 神堂신당이 있는데, 어느 때에 세웠는지 알 수 없으나 北壁북벽에 환웅천왕, 동벽에 환인천왕, 서벽에 단군천왕을 모셨는데, 文化縣문화현 사람들은 이를 三聖삼성이라고 일컬으며 산 아래 부락을 聖堂里성당리라고 한다고 하였다.

柳寬유관은 그 上書상서 중에서 「九月山구월산은 縣현의 主山주산이던 檀君朝鮮단군조선 때에는 阿斯達山아사달산이라고 하였으며, 新羅신라에 와서 闕山궐산이라고 고쳤다. 그때에 文化縣문화현을 闕口縣궐구현이라고 처음에 이름하였다. 高麗고려때에 儒州監務유주감무로 하고 후에 또 文化縣문화현으로

고쳤다. 산 이름의 闕궐자를 느리게 소리 내어 九月山구월산이
라고 부른다.

(중략)

世宗세종 때 새 祠堂사당 지어

文獻備考문헌비고 卷권13 輿地考여지고1 歷代國界역대국계
에서는 檀君朝鮮國단군조선국을 첫머리에 싣고, 遺事유사의 기
록을 인용한 다음에 다음과 같이 주석을 달고 있다.

「白嶽백악은 지금의 文化縣문화현이며 九月山구월산의 본
명은 闕山궐산인데 檀君단군의 궁궐터가 있기 때문이다. 闕山
궐산은 소리를 느리게 내어 闕山궐산이 구월산으로 와전되었
으며 九月山구월산의 藏唐京장당경은 또 藏藏坪장장평으로 와
전되었을 것이다.」

세종 때의 司醞署注簿사온서주부(사온서는 궁궐에서 술에
관한 일을 맡아보던 관청) 鄭陟정척의 상서에 의하면, 「평양
의 箕子祠堂기자사당에 가보니, 箕子기자의 位牌위패는 북쪽에
있어서 南向남향하였고 단군의 위패는 동쪽에 있어 西向서향
하였다. 臣신의 생각으로는 단군은 唐堯당요와 같이 立國입국

하였고 箕子기자는 武王무왕의 명으로 朝鮮조선에 봉하여졌으니 帝王曆年數제왕역년수로 보더라도 帝堯제요에서 武王무왕까지는 1,230여 년이 된다고 하였습니다. 그러니 箕子기자가 북향하여 南面남면하고 箕子기자보다 앞서서 立國입국한 檀君단군을 東동쪽에 配享배향하는 것은 立國傳世입국전세의 선후에 위배됩니다. 臣신이 本朝본조의 諸祀儀式제사의식을 고찰해보니 檀君祭단군제의 陳設圖진설도에 이르기를 「神位신위는 堂당의 중앙에 모셔서 南面남면토록」 되어 있으며, 臣신이 箕子祠기자사에서 본 西向서향의 坐좌는 陳設圖진설도와 맞지 않습니다.

만일 단군을 箕子기자와 나란히 南向남향하게 하더라도 단군을 上座상좌에 箕子기자를 다음에 앉히는 것이 立國입국의 선후에 어긋나지 않을 것입니다. 그러나 이름이 箕子祠堂기자사당인데 단군을 주신으로 하는 것도 편치 않습니다. 그러므로 臣신의 생각으로는 따로 檀君祠堂단군사당을 지어서 단군을 南向남향하게 하고 제사를 받들면 祀儀사의에도 맞을 것 같다」고 하였다.

이에 대하여 세종은 札曹예조(札=禮)에 명하여 鄭陟정척의 상서대로 시행토록 하였다. 이상에서 보면 단군은 역대왕조에서는 國祖국조로서 사당을 세우고 제사를 받들었으니 箕子

기자보다는 上位상위로 여기고 있었음이 분명하다. 그러니까 檀君단군의 祭享제향이 끊어진 것은 日帝일제 때부터였다고 본다.

檀君朝鮮단군조선 연구 숙제

三國遺事삼국유사의 檀君記載단군기재는 他書타서(다른 서적) 등에서 뒷받침되는 바가 없지 않으므로 믿을 만한 것이며, 一然일연의 창작은 결코 아님을 알 수 있다. 一然일연이 인용한 古記고기도 金富軾김부식의 인용 古記고기와 일치되는 바가 많으므로, 古記고기는 당시에 분명히 있었으며, 金富軾김부식도 仙人王儉선인왕검과 그 도읍지를 평양으로 알고 있는 것으로 보아, 古記고기에는 檀君史記단군사기가 분명히 있었음을 또한 알 수 있다. 또 檀君단군의 世年歌세년가가 전하여져서 많은 識者식자들이 알고 있었으며, 여러 곳에 檀君단군의 祠廟祭天壇사묘제천단 등 많은 유적이 남아 있다. 또 享檀君陳設圖향단군진설도(단군에게 제사지내는 상차림 그림)가 世傳세전되어 왔고, 그것은 檀君祭儀단군제의가 끊이지 않았음을 알 수 있게 한다.

이와 같이 역대왕조에서는 朝議조의(조정의 논의)에 의

하여 建廟건묘(사당을 건립) 奉祭祀봉제사(제사를 받들어 모심)했던 것이다. 만일 檀君단군이 하나의 전설 신화거리에 불과하다면, 위와 같은 일들이 있을 수 있었겠는가. 아무튼 檀君단군과 檀君朝鮮단군조선에 관한 記載기재는 숙제로 남길지언정, 신화로만 단정할 수는 없다고 생각된다.

三國史記삼국사기에서 檀君記載단군기재를 제외한 것은, 金富軾김부식의 事大的사대적 태도보다는 ①삼국사기의 명분상 삼국 이외에는 夫餘부여 등도 모두 제외하였으며, ②신라 중심의 삼국사로 하였고, 신라보다 上代상대의 역사는 피하려고 한 데다, ③단군을 부인하려는 생각보다는 신라사를 돋보이게 하려는 의도가 작용했기 때문이라고 볼 수 있다.

2부

한민족의 언어와 사상

01

한자는 은나라의 주요 구성원이었던 동이족이 만든 글자

한자漢字 아닌 은자殷字

.
.
.

요즘 중국이나 동이족인 우리에게도 어렵다며 외면 받고 있는 소통수단인 글자는 무엇일까? 바로 표의문자表意文字로 대표되는 한자漢字다. 이 문자의 탄생지역을 고려한다면, 한나라의 글자인 한자漢字가 아니라 우리의 조상인 동이족이 세웠던 은나라의 글자인 은자殷字라 할 수 있다.

중원의 상고시대는 '하은주夏殷周로 대표된다. 특히 동이족의 나라로 알려진 은나라의 옛터를 은허殷墟라고 하는데, 지금의 하남성河南省 안양현安陽縣 일대다. 바로 이곳에서 발견된 한자의 원형이랄 수 있는 갑골문은 상나라 후기의 복사

卜辭를 기록한 문자이다. 즉 갑골문은 거북의 배 껍질이나 짐승의 대퇴골과 견갑골에 점친 결과를 기록한 흔적이다.

이러한 근거는 다양한 역사적 문헌을 통해서도 알 수 있다. 특히 2011년 4월 18일 중국 산시성 푸핑현 성타이 호텔에서 개최되었던 중국과 대만 학자들의 '한자의 기원'에 대한 학술발표회에서 괄목할 만한 주장이 제기됐다.

이날 중국 창힐문화연구원회 쑨펑孫鵬 회장은 "한자를 처음 만든 창힐은 동이족에 속하는 사람이다. 이는 『한서 예기 오제편』에도 논증이 있다. 동이족이 문자를 창조했다는 것은 의심의 여지가 없다."고 주장했다.

또한 중국의 사학자 장원張文은 "'대문구문화'는 동이 소호족 문화의 유존으로서 '양저문화良渚文化'의 영향을 받아 뒤에 '용산문화龍山文化'로 발전해 마침내 '갑골문자甲骨文字'를 만들어 냈다"고 했다.

대만의 문자학자 리징자이李敬齋 역시 "동이족의 대표적인 인물로 순과 설契을 들 수 있으며, 한자를 처음 만들었다고 하는 '창힐'은 '契'과 동일인물이다. 중국 문자는 동이인東夷人이 창조하였으며, 공자도 동이족인 은나라 사람의 후예다. 공자의 고향인 곡부는 곧 소호의 옛 도시로서 동이문화의 발원지이다."라고 주장했다.

▲ 중국 허난성 안양시의 박물관에 전시되어 있는 은나라의 갑골문(출처: 연합뉴스)

한자 기원과 관련해 울지도 웃지도 못할 일들이 역사적
으로 숱하게 일어났다. 그 대표적인 예가 초대 문교부장관이
었던 안호상 박사와 중국의 대문호 임어당이 1960년대 대만
에서 만나 저녁 식사자리에서 일어난 일화다. 당시 우리나라
는 한문혼용이냐 한글전용이냐로 골치를 썩일 때였다. 안장
관은 이렇게 말했다. "당신네 중국인들이 한자를 만들어 머
리 아파 죽겠소. 왜 그렇게 복잡한 문자를 만들어 우리 한국
인들까지도 힘들게 하는 거요!" 그러자 임어당은 한심하다는

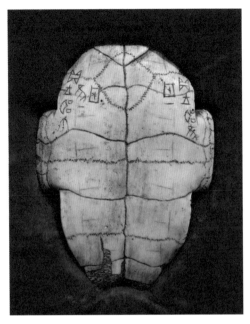

▲ 중국 허난성 안양시 은왕조의 수도 유적지에 있는 갑골 비문이 새겨진 석판의 모습(출처: 연합뉴스)

듯한 눈초리로 "한자는 당신네 동이족이 만든 건데 무슨 소리를 하는 겁니까?"라고 대답했다고 한다.

일화에서 보듯 중국의 식자층은 이러한 사실을 거의 알고 있었다. 필자 역시 1990년대 중반부터 2000년대 초반에 걸쳐 수십여 차례 중국을 방문했는데, 그때 만난 지식인 대부분은 임어당과 같은 생각을 가지고 있음을 확인할 수 있었다.

그런데 우리의 역사학계는 어떠한가? 러시아의 극동사

학자인 유리 미하일로비치 부틴은 그의 저서 『고조선 연구』에서 말한다. 중국이나 일본은 없는 역사도 만들어내는데, 동이족의 후예인 한국 역사학자들은 자기네 역사도 부정하고 있으니 안타까운 일이라고 말이다.

은나라 殷(은)의 구성은 돌아갈 은(月)과 창 수(殳)로 이루어졌다. 月(은)은 본디 몸을 뜻하는 몸 신(身)이 변화된 자형으로 여기서는 몸져누워 있는 병자를 표현한 것이라 할 수 있다. 殳(수)에 대해 허신은 『설문』에서 "殳는 몽둥이를 사용하여 사람을 거의 죽도록 때린다는 뜻이다. 『주례周禮』에 '殳는 여덟 개의 긴 대쪽을 묶어 만들며 길이는 1丈(장) 2尺이다. 전차에 비치하여 여분(旅賁: 창과 방패를 잡고 왕의 수레를 엄호하는 호위병)에게 선봉에서 달리게 하였다.'고 적혀있다. 又(우)로 구성되었고 几(수)가 소리요소이다."라고 하였다.

소리요소인 几(수)는 새가 짧은 깃털로 날아간다는 뜻이라 하였지만, 요즘엔 几가 단독으로 쓰일 때는 작은 의자인 안석 궤(几)로 쓰이고 있다. 殳가 다른 부수와 합해질 때는 주로 자형의 우측에 놓이는데, 그 뜻은 창이나 몽둥이 나무 지팡이 등의 의미로 쓰인다. 이에 따라 殷(은)자에는 병이나 누워 있는 병자(疒)를 뾰족한 창(爿)과도 같은 침(針) 등으로 치료해 다시금 회복해 성대해진 모양을 그려냈다는 데서 '성대하다' '부유하다'는 뜻을 지니게 되었으며, 고대 중원의 '은나라'를 뜻하기도 했다.

글자 字(자)의 구성은 집의 모양을 본뜬 집 면(宀)과 아직 잘 걷지 못하는 아이의 모양을 상형한 아들 자(子)로 짜여 있다. 고대의 풍속에서는 아이가 태어나 일정 기간이 지나면 가족의 일원이 생겨난 것으로 여기고 비로소 조상을 모신 사당에 보고하는 의식이 있었다. 이때 아이에게 이름을 지었는데, 그것이 바로 字(자)다. 그러다 인문학적인 해석이 더해지면서 집안(宀)에 자식(子)이 불어나듯 글자가 증가한 파생글자를 의미하게 되었다.

육서 중에 두 글자의 뜻을 합해 새로운 글자를 만들어내는 회의(會意)와 뜻을 의미하는 글자와 소리글자를 더해 새로운 글자를 만드는 형성(形聲), 그리고 이미 만들어진 글자를 가지고 새로운 뜻을 유추해내는 전주(轉注)와 이미 만들어진 글자의 뜻에 관계없이 음이나 형태만을 빌려 쓰는 가차假借가 곧 문자 중에서도 字(자)에 해당한다고 볼 수 있다.

은자殷字란 고대 중원의 상나라 또는 은나라(殷)에서 소통수단으로 쓰였던 글자(字)라 할 수 있다. 이를 흔히 갑골문자甲骨文字라고 한다. 은나라는 우리 한민족의 조상인 동이족이 세운 나라로, 탕왕湯王이 하나라의 폭군 걸왕桀王을 물리치고 세운 나라이다. 이때 정치적인 상황이나 점친 결과를 거북의 배 껍질이나 짐승의 견갑골과 대퇴골에 기록한 문자가 바로 갑골문자甲骨文字인데, 은나라 글자인 은자殷字인 것이다.

02

고조선의 고유한 글자였던 녹도문자와 가림토는 유전되고 있을까

녹도문자鹿圖文字

오늘날 한글이 전 세계적으로 각광을 받고 있는데, 신시 배달국과 고조선이라는 유구한 역사를 지녀온 우리 한민족에게는 [훈민정음訓民正音] 이전에 녹도문자鹿圖文字와 가림토加臨土가 있었다고 민족사학자들은 주장하고 있다. 이에 대한 증거는 아이러니하게 위서 논란이 끊이지 않고 있는 『환단고기桓檀古記』와 『단기고사檀奇古史』에 있다. 『단기고사』는 가림토를 국문정음國文正音으로 소개하고 있다.

녹도문자는 사슴의 발자국과 사물의 형상을 보고서 만들었다는 것으로, 신시시대에 환웅의 신하인 신지 혁덕赫德

▲ 중국 산동성 환대(桓臺)시에서 발굴된 가림토문자(옛 한글) 38자(출처: <인류 언어의 뿌리는 우리 말 사투리> 박정애, 양산신문 2016.10.18)

이 소통의 편의를 위해 제작했다고 한다. 조선시대 학자 신경준申景濬 1712년~1780년은 자신의 한글연구서인 『훈민정음운해訓民正音韻解』 서문에서 한글 이전의 상고시대에 옛 우리 글자가 존재했음을 주장했다.

또한 한글학자인 김윤경도 저서 『국어학사』(1963년)에서 기타 8종류의 고대 한국문자와 신지비사문을 언급한 바 있다. 여기에 동북삼성의 연변지延邊誌에 신지문자에 대한 기사가 게재된 적이 있었는데, 80개 정도가 있다고 하면서 그중에 16개자를 소개했다고 한다. 북한에서는 훈민정음 해례

서문에서 한글이 옛 글자를 모방했다는 구절을 들어 신지문자를 바탕으로 한글이 만들어졌다고 주장하고 있다.

이러한 신지문자神誌文字 또는 신지비사문神誌秘詞文은 단군조선 시대에 사용된 것으로 추정되는 고대 한국문자라고 할 수 있다. 이러한 다양한 문헌적 근거를 무시하고 외면할 수만은 없지 않은가.

사슴 鹿(록)은 수사슴의 아름다운 뿔과 머리, 그리고 몸통과 네 발의 모양을 그려낸 상형글자다. 사슴은 예부터 인간들이 동경해 온 동물 중 하나다. 이러한 사실은 고울 麗(려)자에 담겨 있는데, 현대중국어의 간체자로 쓰이는 려(丽)와 사슴 녹(鹿)으로 구성되었다. 丽는 사슴 두 마리의 아름다운 뿔을 그린 것이다. 따라서 그 의미는 암수 두 마리의 사슴이 고운 자태를 드리운 채 서로 부비고 있는 모습을 담았다. 그래서 '아름답다' '곱다' '짝짓기'라는 뜻으로 쓰인다.

그림 圖(도)의 구성은 에워쌀 위(口)와 마을 비(啚, 인색할 비)로 짜여 있다. 口(위)자는 사방을 에워싼 모양을 나타낸 자형으로 '둘레 위(圍)'의 본 글자이며, 또한 일정한 경계 안의 지역을 뜻하는 '나라 국(國)'의 옛 글자이기도 하다.

啚(비)는 에워쌀 위(囗)와 곳집 름(靣)으로 구성되었는데, 靣(름)은 수확한 곡식을 넣어두는 창고의 모양을 상형한 것으로 곳간이나 창고의 뜻을 지닌 '곳집 廩(름)'의 옛글자다. 이에 따라 창고(靣)를 에워싸고(囗) 있는 모양을 나타내 사람이 거주하는 '마을'을 나타내기도 했으며, 곡식을 저장한 창고(靣)를 또 에워싸(囗) 잘 내주지 않는다는 데서 '인색하다'는 뜻도 공유하고 있다. 따라서 圖(도)의 전체적인 의미는 사람이 거주하는 마을(啚)은 물론 그 경계(囗)까지 그려놓은 '지도'를 뜻할 뿐 아니라 그러한 지도를 그린다는 데서 '그림'이란 뜻도 지니게 되었다.

글월 文(문)은 가슴에 새긴 문신을 한 사람을 본뜬 상형글자다. 文(문)에 대해 허신은 『설문』에서 "文은 교차하여 그린다는 뜻이다. 교차하는 무늬를 본떴다."고 하였다. 갑골문이나 금문에도 보이는데, 가슴에 다양한 형태의 문신이 새겨진 사람의 모양을 본뜬 것이다. 고대 장례 풍속에서는 죽은 사람의 시신에 문양을 새김으로써 경건함을 나타냈을 뿐만 아니라 신에게 알리는 소통의 의미를 지녔다고 생각된다. 또 한편으로는 의복이 발달되지 않은 고대시대에는 동물의 보호색처럼 몸에 다양한 형태의 문신을 새겨 넣는 풍속이 오늘날까지도 일부 소수민족에게 전해오고 있음을 보아도 이를 유추할 수 있다. 이와 같이 文(문)은 본래 어떠한 '무늬'를 뜻하였으나, 초기의 글자가 곧 사물의 문양이나 모양을 본뜬 상형글자이기 때문에 '글자'라는 뜻으로 확장되었다. 글자의 제작원리인 육서(六書) 중 사물의 모양을 그대로 본떠 만든 상형(象形)과 어떠한 추상적인 개념을 가리켜 만든 지사指事가 文(문)에 해당한다고 볼 수 있다.

글자 字(자)는 앞에서 설명한 은자殷字의 자字를 참조(84쪽).

녹도문자鹿圖文字란 사슴(鹿)의 발자국과 사물의 형상(圖)을 보고 만든 문자文字이다.

03

온 백성의 올바른 소통을 위해 창제된 한글의 원형

훈민정음 訓民正音

●
●
●

    오늘날 한글은 우리 대한민국 사람들뿐만 아니라 한류의 물결에 따라 전 세계인의 소통수단이 되고 있다. 이렇게 되기까진 우여곡절이 많았다. 백성을 일깨우는 바른 소리라는 뜻을 담고 있는 '훈민정음訓民正音'을 창제한 조선 제4대 임금인 세종대왕의 애민정신이 오늘에서야 그 빛을 발하고 있는 것이다.

    이는 곧 한글의 창제원리가 담긴 『훈민정음해례본訓民正音解例本』이 1940년에서야 발견되고 난 이후부터다. 다행히도 이 해례본은 세계기록유산임과 동시에 국보 제70호로 지

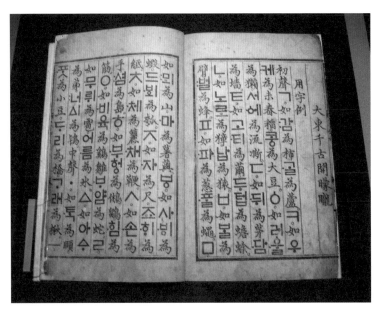

▲ 남대문 대신 대한민국 국보 1호 후보로 거론되는 국보 70호 『훈민정음해례본』 간송미술관 소장품으로 2005년 11월 8일 현재 새용산국립중앙박물관 역사관 한글 코너에 대여 전시 중이다(출처: 연합뉴스).

정되었다. 훈민정음에 관한 논란이 끊이지 않았지만 이 해례본이 발견됨으로써 한글 자음은 인체의 발음기관을 본뜬 것이고, 한글 모음은 천·지·인 삼재三才를 음양오행의 원리에 따라 배치해 만들었다는 것이 밝혀졌다.

이러한 사실이 밝혀지자 세계의 여러 언어학자들 역시 극찬을 하고 있다. 세종대왕이 훈민정음 창제를 공표했을 때도 그랬을까? 당시 유학자들의 엄청난 반대가 있었다. 최만리를 비롯한 당대 유학자들은 훈민정음 사용의 반대명분을 중화사대주의에서 찾았다. 중화문화권에 속한 나라 중에 별도의 문자를 사용한 사례가 없고, 몽골, 서하, 여진, 일본 등 별도의 문자를 사용하는 나라는 오랑캐에 불과하니 훈민정음을 사용한다는 것은 스스로 오랑캐로 전락함을 의미한다고 주장하였다.

　유학자들이 이러한 명분을 내세운 이면에는 양반이 중심이 된 지배질서의 유지가 있었다. 한자와 성리학을 바탕으로 견고하게 구축된 자신들만의 통치영역에 상놈인 일반 백성들이 들어오는 것을 허용하지 않겠다는 의도가 다분했다. 이렇듯 중화사상의 존중을 명분으로 내세우며 유학자들이 지키고자 했던 것은 양반 중심의 지배질서였다. 그러니 훈민정음 반포 초기엔 속된 글이라는 언문諺文, 언서諺書, 반절半切, 암클, 아햇글 등으로 양반들에 의해 천대를 받았던 것이다. 그러나 요즘은 세종대왕의 애민정신에 따라 문맹률을 현저하게 낮추었을 뿐만 아니라 전 세계의 한류 팬들도 배우고 싶어 하는 언어가 되었다.

　가르칠 訓(훈)의 구성은 말씀 언(言)과 내 천(川)으로 짜여 있다. 言(언)에 대해 허신은 『설문』에서 "직접 말하는 것을 言(언)이라 라고 여러 사람이 토론하는 것을 語(어)라고

한다. 口(구)로 구성되었으며 자형 상부의 건(辛의 하부에서
一이 빠진 글자)이 소리요소이다."고 하였다. 즉 스스로 생각
한 바를 입(口)을 통해 마음속을 꼭 찌르듯이(辛) 말한다는
뜻이다. 따라서 言(언)이 들어가는 글자는 입을 통해 소리로
묘사하는 다양한 행동적 양식을 나타내게 된다.

川(천)은 사람의 손길이 닿은 인공적인 하천을 말한다.
즉 자형의 가운데 '丨'이 물줄기를 뜻하고 좌우는 인공적으
로 쌓아올린 제방을 의미한다. 고대의 정책 중 가장 중요한
일이 곧 물길을 다스리는 치수(治水)였듯이 제방을 쌓아 물
이 범람하지 않도록 했음이 川(천)자에 담겨 있다. 따라서 訓
(훈)의 전체적인 의미는 냇물(川)이 위에서 아래로 흐르듯 억
지가 아닌 자연스러운 이치를 좇아 다정다감한 말(言)로써
'가르치고, 타이르다'는 뜻이 담겨 있다.

사람 民(민)은 상형글자로 갑골문을 살펴보면 뾰족한
바늘과 같은 꼬챙이로 한쪽 눈을 찔린 사람을 뜻하는데, 고
대에는 주로 죄수나 포로를 지칭하는 글자였다. 즉 지배계층
이 아닌 노예와 같은 하층의 사람을 뜻했다. 그러다 후대로
내려오면서 일반적인 사람 모두, 즉 평민을 뜻하게 되었다.

바를 正(정)은 한 일(一)과 발 지(止)로 구성되었다. 갑골문에 새겨진 正(정)자는 흙이나 나무로 만든 목책을 둘러친 성(城)을 뜻하는 '口'모양과 止(지)로 이루어져 있었는데, 소전에 이르러서 단순하게 '一'모양으로 바뀌어 오늘날에 이르고 있다. 따라서 애초에 正(정)의 의미는 공격목표인 성곽(口)을 향해 가다(止), 즉 '정벌하다'가 본뜻이었으나 후에 파생된 '바로잡다' '바르다'로 쓰이자 본뜻을 살리기 위해 '칠 정(征)'자를 별도로 만들었다.

그러나 인문학적인 지식을 더해 한자를 해석한 한나라의 허신은 正(정)에 대해『설문』에서 "正은 옳다는 뜻이며 一(일)로 구성되었는데, 한 곳에 멈추는 것"이라고 하였다. 이에 따라 일반적으로 한 곳(一)에 멈추어 서서(止) 살피는 게 '바른 일'이라고 해석하고 있지만, 오히려 한 길(一)을 따라가도록 하는 것(止)이 '바른 일'이라는 점으로 해석하는 것이 좀 더 나을 것 같다. 止(지)는 '멈춘다'는 뜻도 있지만 많은 자형에서 '가다'는 의미로도 쓰이기 때문이다. 즉 정사 政(정)에서처럼 한 나라의 올바른 정치이념에 따라 일관(一)되게 국민이 따라가도록(止) 독려(攵)하는 것이 위정자가 의도한 '바른 일'이기 때문이다.

소리 音(음)은 입(口)에 나팔과 같은 관악기(辛)를 불고 있는 모양, 즉 사람의 입을 통해 나오는 소리를 표현한 지사 글자이다. 音(음)에 대해 허신은 『설문』에서 "소리가 마음에 서 우러나와 몸 밖으로 나옴이 마디마디가 있는 것을 音(음) 이라 한다. 宮(궁)·商(상)·角(각)·徵(치)·羽(우)는 '소리'이고, 絲(사)·竹(죽)·金(금)·石(석)·匏(포)·土(토)·革(혁)·木(목)은 가락(音)이다"라고 하였다. 8음이란 다음의 여덟 가지 재료 (絲·竹·金·石·匏·土·革·木)로 만든 악기에서 나는 소리를 말 한다. 자형 상부의 모양(立)은 소리의 꼴을 나팔처럼 형상화 한 것이다.

훈민정음訓民正音이란 백성(民)들을 일깨워 이끌기 (訓) 위해 새롭게 정립한 바른(正) 소리(音)의 글자이다.

04

일찍이 아시아의 황금시기에 빛나던 등촉의 하나인 코리아

타고르와 게오르규

홍익인간弘益人間은 '널리 인간세계를 이롭게 하라'는 뜻으로 『삼국유사』에 수록된 단군조선의 건국신화에 나오는 말이다. 우리나라 정치·경제·사회·문화의 최고 이념으로, 윤리 의식과 사상적 전통의 바탕을 이루고 있다. 이러한 홍익인간 정신은 비단 우리에게뿐만 아니라 여러 나라의 사람들에게도 더불어 살아가는 인류애에 대한 영감을 불러일으켰다.

다음의 시 『동방의 등불』은 인도의 시성詩聖 라빈드라나트 타고르Rabindranath Tagore 1861년~1941년가 일본 식민통치

라는 암흑 속에서 신음하던 '조선 민족'에게 과거의 영광을 되찾고 다시 빛을 발하게 되리라는 희망의 메시지를 담은 6행의 짧은 시詩다.

『동방의 등불』

"일찍이 아시아의 황금시기에
빛나던 등촉의 하나인 코리아
그 등불 한 번 다시 켜지는 날에
너는 동방의 밝은 빛이 되리라."

"In the golden age of Asia
Korea was one of its lamp-bearers
And that lamp is waiting
to be lighted once again
For the illumination
in the East."

때는 1929년, 세 번째 일본 방문 중이던 타고르에게 조선의 방문을 요청하였지만, 이에 응하지 못하는 안타까운 마

▲ 우리나라를 '동방의 밝은 빛'이라고 칭송한 시성(詩聖) 타고르의 흉상(출처: 연합뉴스)

음에 우리민족에게 보낸 메시지 형태의 짧은 시다. 타고르가 1929년 3월 28일 『동아일보』 기자에게 영어로 된 6행의 '간단한 의미'의 메시지를 써주었고 『동아일보』는 1929년 4월 2일자에 「조선에 부탁」이라는 제목으로 게재하였다. 번역자는 주요한이었다.

또 한 사람, 루마니아 출신의 작가이자 『25시』의 저자인 게오르규는 '동방에서의 새로운 빛'을 보았다고 한다. 그 새로운 빛은 무엇일까? 한국을 여러 차례 방문하면서 강조한 홍익인간弘益人間 정신이 아닐까 생각된다. 그는 단군에 대해 이렇게 말했다.

"단군은 민족의 왕이며 아버지이며 주인입니다. 그가 한국 민족에게 내린 헌법은 한마디로 요약됩니다. 그것은 홍익인간입니다."

그는 아파트 정원에 우리나라의 국화인 무궁화를 심어 놓고 시간이 있을 때마다 한국인의 얼이 담긴 꽃을 바라보았다고 한다. 1992년 6월 22일에 눈을 감은 게오르규가 한국인에게 전하는 메시지를 다시 상기해 본다.

"당신들은 다만 당신들 나라만이 아니라 세계가 잃어 버린 영혼입니다. 왕자의 영혼을 지니고 사는 여러분들, 당신들이 창조한 것은 냉장고와 텔레비전과 자동차가 아니라 지상의 것을 극복하고 거기에 밝은 빛을 던지는 영원한 미소입니다."

05

대륙의 음양론과 고조선 천부경의 석삼극析三極에 근원한

삼원론三原論

· · ·

    동양사상의 핵심을 체용體用이라는 관점에서 볼 때, 대륙 중원에서 형성한 음양론陰陽論은 用용이라는 숫자 2에 해당하고, 天符經천부경에 바탕한 고조선의 삼원론三原論의 근거가 되는 석삼극析三極 사상은 體체에 해당한다고 볼 수 있다.

    이에 따라 대륙에서 발원한 동양의학의 음양학설에 있어서는 모든 것을 상호 대립되는 상대적인 면과 동시에 통일된 음陰과 양陽의 양면으로 고찰한다. 이 음양대립의 상호작용과 부단한 운동은 우주만물이 생성 변화하는 원동력이 된다. 동양 최고의 의서인 『황제내경소문黃帝內經素問』「음양응

상대론陰陽應象大論」에 "음양은 천지의 도이며, 만물의 강기이고, 변화의 부모이며, 생살의 본시이고, 신명의 부이며, 병을 치료하는 데 있어서는 반드시 그 근본에서 방법을 찾아야한다."라고 하였다. 이는 우주만물의 생장발전과 소멸은 음양변화법칙에 따라 운영되고 있음을 지적한 것이다. 그러므로 음양을 만물의 강령이며 변화의 근원이라고 해왔다.

그러나 고조선에서 생성된 삼원사상은 사물의 물리적인 특성을 보다 본질적으로 파악하였다. 음양론이 사물의 작용적인 측면을 파악한 용用적 개념이라면 삼원론은 사물의 구조를 체體의 관점에서 파악한 것이다.

현대물리학의 양자역학量子力學에서는 물질구성의 최소단위로써 핵을 이루는 양자陽子와 중성자中性子, 그리고 핵 주위를 유주하는 전자電子로 파악하고 있다. 즉 모든 사물의 기본 구성입자는 음양인 숫자 2가 아니라 중성자·양자·전자인 숫자 3을 기본수로 하고있는 것이다.

그래서인지 고조선의 정신문화를 이어받은 후예들은 유독 숫자 2를 부정하고 숫자 3을 선호하였다. 그 대표적인 것이 삼족오이다. 모든 새들은 발이 두 개인데도 유독 세발까마귀인 삼족오三足烏를 내세워 민족정신을 선양하였다. 이러한 3이라는 숫자는 여기에 국한되지 않고 다양하게 쓰이고 있다. 천지인天地人 사상이 그렇고 환인·환웅·단군을 3신으로 모신 것이나 환웅이 천부인 3개와 3,000명의 신하를 이끌고 태백산 신단수 아래 도읍을 정한 것이나, 고구려를 창건한 주몽 역시 세 명의 신하인 오이·마리·협보라는 협객을 늘 곁에 두었던 것도 모두 같은 맥락이다. 마한·진한·변한이라는 삼한시대는 물론 고구려·백제·신라의 삼국시대도 예외는 아니다.

또한 조상이나 천신에게 제사를 올릴 때 쓰인 세발솥이 한반도 곳곳에서 발굴되는 것 또한 숫자 3을 중시한 동이족의 생활상과 관련이 있다. 우리민족만의 전통이 담긴 간장·고추장·된장 3장三醬도 3이라는 숫자를 벗어나지 않는다. 우리 민족의 독립을 외칠 때도 만세삼창이었다.

오늘날에도 예외는 아니다. 뭔가 일을 도모할 때도 최소 삼세번을 외쳤고, 제사를 지내며 술잔을 올릴 때도 향불에 좌로 세 번을 돌린 다음 정성스러운 마음으로 바쳤다.

음양론에서는 하루를 낮과 밤으로 구분한 반면 우리는 아침·낮·저녁으로 삼시三時로 구분하였다. 놀이를 할 때 편을 가르는 방법으로 가위·바위·보로 나누었다. 대륙 중원에서는 양의 끝수인 9가 겹치는 중양절음력 9월9일을 중요시했지만 우리민족은 새 생명의 시작인 봄을 알리는 삼월삼질

음력 3월3일을 큰 명절로 여겨 남자들은 마을의 공동우물을 다 퍼내 깨끗하게 청소를 하였고 아녀자들은 산에 올라 진달래 꽃잎을 따 꽃지짐花煎을 해 먹으며 가족의 안녕을 빌었다.

석 三(삼)은 앞에서 설명한 삼성사三聖祠의 삼三자를 참조(20~21쪽).

근원 原(원) 구성은 산기슭이나 낭떠러지를 상형한 기슭 엄(厂)과 샘 천(泉)으로 짜였다. 泉(천)은 옹달샘(白)에서 솟아오른 물(水)이 흘러내리는 모양을 본뜬 상형글자다. 따라서 原(원)의 의미는 산기슭(厂) 옹달샘에서 흘러내리는 물줄기(泉), 즉 강물을 이루는 '근원'이라는 뜻이었지만 '언덕'이나 '들판'이라는 뜻으로도 쓰이자, 그 의미를 보다 확실히 하기 위해 강을 뜻하는 '氵'를 더해 源(원)자를 제작하였다.

말할 論(론)의 구성은 말씀 언(言)과 둥글 륜(侖)으로 이루어졌다. 侖(륜)은 모일 집(亼)과 책 책(冊)으로 구성되었다. '모이다' '모으다'의 뜻을 지닌 亼(집)은 많은 글자에 쓰이

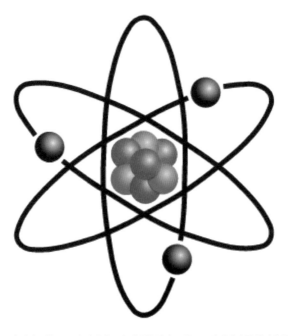

▲ 러더퍼드의 원자모형. 1911년 러더퍼드가 제시한 원자 모형으로 양전하가 중심점에 밀집되어 고밀도의 핵을 이루고 전자는 핵에서 떨어진 공간에서 핵을 중심으로 원운동을 하고 있음을 가정한 핵 모형

고 있는데, 때에 따라서는 '밥뚜껑' '지붕' '거푸집' 등 다양한 용도를 지닌 단순화된 자형이다. 冊(책)은 상형문자로 종이가 발명되기 전, 대나무를 일정한 크기로 쪼갠 것을 잘 다듬어 엮어 만든 죽간(竹簡)을 본떠 만든 글자다. 고서(古書)를 보면 세로줄을 그어 한문을 기록한 것을 볼 수 있는데, 이는 대나무에 기록한 것을 본떠 제작하였기 때문에 그랬다. 이에 따라 侖(륜)은 죽간으로 만든 책(冊)을 둥글게 말아 한데 모

아둔다(厶)는 데서 '둥글다' '조리를 세우다'는 뜻을 지니게
되었다. 따라서 論(론)의 전체적인 의미는 여러사람들의 의
견이 담긴 책(冊)을 한데 모아(厶) 논리성을 갖춘 뒤 말(言)
을 한다는 뜻이 담겨 있다.

삼원론三原論이란 세상의 모든 물질은 양자·중성자·
전자라는 세 가지(三)를 기본 원소를 근원(原)으로 하여 이루
어졌다는 이론(論)이다.

06

우리 한민족의 고토인 고조선에서 사용하였던

삼태극기三太極旗

•
•
•

한민족의 잃어버린 고조선 및 고구려에서는 대륙의 음양 2원론보다는 음중양이라는 3원론을 활용하였다. 문화의 저변엔 3이라는 기본수가 바탕이 되었던 것이다. 이러한 3수 문화의 저변에는 삼족오三足烏, 세발솥, 삼태극, 천부인 3개, 삼위태백, 환웅의 3천 친위대, 삼신오제의 삼신인 풍백·우사·운사, 삼신할매 등과 같은 기본 맥락이 깔려 있다.

부족이나 민족의 상징성을 드러낸 당시의 깃발로는 삼족오三足烏와 함께 삼태극기三太極旗를 활용했다. 고려시대까지만 해도 유불선儒佛仙 3교가 어느 정도 균형을 이루어 왔다. 그런데 언제부터 요즘과 같은 음양으로 상징되는 2태극기를 활용한 것일까? 조선시대 부터였다고 볼 수 있다. 신유학인 성리학을 국교로 수용한 조선은 불교와 선교인 도교를 정책적으로 멀리하려는 정책을 펼쳤다. 억불숭유抑佛崇儒를 내세우며 불교를 억압하고 유교를 숭상하는 풍조가 조선 500년 내내 유지됐던 것이다.

사료적으로 보았을 때 조선시대가 국교로 삼은 성리학을 부흥시켰던 주희는 태극도설太極圖說을 주창한 주돈이를 정신적 지주로 삼았을 것이다. 현재 우리가 사용하고 있는 태극기는 1882년 고종 19년 5월 22일 조미수호조약 조인식을 앞두고 역관 이응준이 급조한 것에서 유래하였다. 태극太極은 음양2원론을 상징한다고 볼 수 있다. 즉 음양의 두 기운으로 분화된 모습이다. 마치 현재 한반도가 남북한으로 분단된 모습으로 보여지기도 한다.

우리민족의 근본 개념을 담아 그려낸 3태극이 가장 최근 널리 활용된 것은 동서화합의 장이 되었던 88서울올림픽 때였다. 이전 올림픽이 동서의 냉전에 따라 반쪽대회였음을 감안하면 서울올림픽은 159개국이 참가한 지구촌의 축제였다. 그때 우리나라는 종합 4위를 했었다. 아마도 그 당시 공식으로 사용하였던 호돌이와 함께 삼태극을 상징한 공식 엠블럼

▲ 1988년 서울올림픽 공식엠블럼

을 떠올려보면 기억이 날 수도 있을 것이다.

　　석 三(삼)은 앞에서 설명한 삼성사三聖祠의 삼三자를 참
조(20~21쪽).

　　클 太(태)의 구성은 큰 대(大)와 점 주(丶)로 짜여 있다.
大(대)는 두 팔과 다리를 벌리고 서 있는 사람을 정면에서 바
라본 모양을 본뜬 상형글자로 '크다'는 뜻을 지니고 있다. 여

기에 점(ヽ)을 첨가하였는데, 그 점은 大(대)의 약칭으로 보고 '크고도 크다'는 뜻으로 해석한다. 또 일부에서는 클 泰(태)의 약자로 보기도 한다.

다할 極(극)은 나무 목(木)과 빠를 극(亟)으로 구성되었다. 『설문』에서는 "木은 뚫고 나온다는 뜻이다. 땅을 머리로 밀고 나오면서 자란다. 동쪽을 상징하는 오행(五行)이며 屮(철)로 구성되었고 자형의 아랫부분은 뿌리를 본떴다."고 하였다. 음양오행설에서는 동방을 陽(양)의 기운을 띤 木(목)으로 설정하였으며, 그 색은 나무와 비슷한 청색, 맛은 신맛이다.

여기서는 집의 '대들보'로 쓰이는 통나무라는 뜻으로 쓰였다. 亟(극)의 구성은 하늘과 땅을 의미하는 두 이(二)와 사람 인(亻), 그리고 입 구(口)와 오른손을 의미 하는 또 우(又)로 짜여 있다. 그 뜻은 금문에 나타난 자형에서처럼 하늘(一)과 땅(一), 혹은 아래위가 꽉 막힌 광물을 채굴하는 갱도에서 일을 하는 사람(亻)이 입(口)으로 소리치고 손에 든(攴) 곡괭이와 같은 도구를 다급하게 움직이는 모양을 본떠 '빨리' '자주(기亟)'라는 뜻을 지니게 되었다.

따라서 極(극)의 전체적인 의미는 갱도에서 광물을 채굴

(亟)하기 위해 천정을 떠받는 들보(木)를 세우거나, 기둥을 세워 집을 지을 때 중추적인 역할과 정점이기도 한 대들보(木)를 올리는 작업은 정성스러움과 함께 재빨리(亟)해야 한다는 뜻을 담아 '지극' '정점'과 같은 뜻으로 쓰이고 있다. 그래서 우리가 사는 지구의 극점을 남극南極과 북극北極으로 표현할 뿐만 아니라 우주의 극점 또한 남극성南極星과 북극성北極星을 한 축으로 보고 있다.

기 旗(기)의 구성은 깃발 언(方+人)과 그 기(其)로 짜여 있다. '方+人'(언)은 사람(人)이 나아가야 할 방향(方)을 알려주는 이정표와 같은 '깃발'을 말한다. 其(기)는 갑골문과 금문에도 보이는데, 양 손으로 잡고(廾)서 곡식의 알갱이와 쭉정이를 골라내는 데 쓰이는 대나무를 쪼개 만든 문양이 깃든 '키'를 말한다. 그런데 其(기)가 '그것'이라는 지시대명사로 가차되자 키를 만드는 주재료인 대나무를 뜻하는 대 죽(竹)을 더해 '키 箕(기)'를 별도로 만들었다. 따라서 旗(기)의 전체적인 의미는 부족이나 군대의 소속을 알리기 위해 장대에 높이 달아 올린 깃발(方+人)에 독특한 문양(其)을 그려 넣어 구분하였다는 뜻이다.

▲ 연동 합호서원(안향 사당. 세종시) 현판과 내삼문 삼태극 문양(출처: 문화재청. 전성영 연합뉴스)

삼태극기三太極旗란 삼색으로 이뤄진 태극기를 가리
킨다. 일반적으로 태극기는 우주의 거대한 운행원리를 음양
으로 압축하여 태극太極으로 표현하고, 우주의 수많은 변화
요소를 건곤감리乾坤坎離: 하늘 땅 물 불이라는 네 괘卦로 간
략화하여 그려 넣은 깃발로 우리나라를 대표하는 국기를 말
한다. 그런데 고조선에서는 음양이원론을 벗어나 보다 본원
적인 삼원론에 입각하여 청·적·황 삼색의 삼태극기를 상징
으로 삼았다.

07

"고대부터 조선이 중국의 속국이었다는 것은 황당한 이야기"

주은래周恩來 전 중국 총리

⬤
⬤
⬤

주은래周恩來, 저우언라이 1898년~1976년 전 중국 총리가 1963년 6월 28일 북한 조선과학원 대표단과 만난 자리에서 발언한 내용을 정리한 '주은래 총리 중국·조선 관계를 논의하다'는 내용을 확인하면 요즘 중국이 대대적으로 펼치고 있는 동북공정의 허실이 여실히 증명될 것이다.

그 발언록을 요약해보면 저우언라이 전 총리는 "조선민족은 조선반도와 동북만주·간도지방에서 오랫동안 살아왔으며, 그 영역은 랴오허와 쑹화강, 투먼강 유역에 걸쳐 있다"며 "이것은 발굴된 문물, 비문 등에서 증명되고 있으며 수많

▲ 저우언라이 전 중국 총리 동상(출처: 연합뉴스)

은 조선 문헌에도 그 흔적이 남아있다"고 말했다.

　저우 전 총리는 오랫동안 중국 학자들이 중국 변방 민족의 역사라고 주장했던 발해의 역사에 대해서도 "징보호鏡泊湖: 흑룡강성 소재 부근은 발해의 수도로서 유적이 남아 있으며, 여기서 출토된 문물이 증명하는 것은 거기도 역시 조선민족의 한 지파였다는 사실"이라며 "투먼강, 압록강 서쪽은 역사이래 중국 땅이었다거나 심지어 고대부터 조선은 중국의 속국이었다고 말하는 것은 황당한 이야기"라고 말했다.

특히 저우 전 총리는 "이런 역사연대에 대한 두 나라 역사학의 일부 기록은 진실에 부합되지 않고, 많은 문제들이 불공정하게 쓰여졌다."며 "이것은 중국 역사학자나 많은 사람들이 대국주의, 대국쇼비니즘의 관점에서 역사를 서술한 것이 주요 원인"이라고 마치 현재의 동북공정을 예견한 듯 정확하게 문제점을 지적하였다.

지난 2004년 8월 13일자 한겨레신문에서는 저우언라이 전 중국 총리가 북한의 조선과학원 대표단 20여명을 만난 자리에서 발언한 것을 유신재 기자가 정리하여 다음과 같이 게재한다.

저우언라이의 발언요지

중국·조선 두 나라, 두 민족의 역사적 관계는 발굴된 문물에 의해 증명된다. 두 나라, 두 민족 관계는 제국주의 침략으로 중지될 때까지 3, 4천 년 이상 매우 긴 시간이었다. 이러한 역사연대에 대한 두 나라 역사학의 일부 기록은 진실에 그다지 부합하지 않는다. 이는 중국 역사학자나 많은 사람들이 대국주의, 대국쇼비니즘의 관점에서 역사를 서술한 것이 주요 원인이다. 양국민족의 발전에 대한 과거 중국 일부 학자들의 관점은 그다지 정확한 것은 아니었고 그다지 실제에 부합하지 않았다.

조선민족은 조선반도와 동북대륙에 진출한 이후 오랫동안 거기서 살아왔다. 이는 랴오허와 쑹화강 유역, 투먼강 유역에서 발굴된 문물, 비문 등에서 증명되고 있으며, 수많은 조선문헌에도 그 흔적이 남아 있다. 조선족이 거기서 오랫동안 살아왔다는 것은 모두 증명할 수 있다. 징보호 부근은 발해의 유적이 남아 있고, 발해의 수도였다. 여기서 출토된 문물이 증명하는 것은 거기도 역시 조선족의 한 지파였다는 사실이다. 이 나라는 역사적으로 상당히 오랫동안 존재했다. 따라서 조선족이 조선반도에서 살았을 뿐만 아니라 동시에 랴오허, 쑹화강 유역에서도 오랫동안 살았다는 것이 증명된다. 조선족이 더 오래전에도 있었는가에 대한 것은 별개의 문제이다. 다만 분명한 것은 조선족 일부가 원래부터 한반도에서 거주하였다는 것이다.

민족의 역사발전을 연구하는 가장 좋은 방법은 출토된 문물에서 증거를 찾는 것이다. 서적상의 기록은 완전히 믿을 만한 것이 못 된다. 왜냐하면 어떤 것은 당시 사람이 쓴 것이지만 관점이 틀렸기 때문이다. 또 어떤 것은 후대 사람이 위조한 것이기 때문에 더욱 믿을 수가 없다. 그래서 역사서는 완전히 믿을 수만은 없는 2차 자료일 뿐이다.

다만 이러한 자료를 연구하려면 중국과 조선 두 나라 동지들이 반드시 하나의 공통된 관점을 세워야 한다. 이 관점이란 바로 중국이 여러분들 나라보다 컸고, 문화발전도 조금 더 빨랐기 때문에 항상 봉건대국의 태도로 당신들을 무시·모욕하면서 당신들을 침략할 때가 많았다는 것이다.

중국 역사학자들은 반드시 이런 사실을 인정해야 한다. 어떤 때는 고대사를 왜곡했고, 심지어 여러분들의 머리 위에 '기자자손'이라는 말을 억지로 덧씌우고, 평양에서 그 유적을 찾아 증명하려는 무리한 시도를 하기도 했다. 이것은 역사왜곡이다. 어떻게 이렇게 될 수가 있단 말인가?

진·한나라 이후 빈번하게 랴오허 유역을 정벌했는데, 이것은 전쟁이 실패하자 그냥 돌아왔을 뿐이지 분명한 침략이다. 당나라도 전쟁을 치렀고 또 실패했으나 당신들을 무시하고 모욕했다. 그때, 여러분 나라의 훌륭한 한 장군이 우리 침략군을 무찔렀다. 이때 바로 발해가 일어났다. 이후 동북에는 바로 요족, 금족이 발흥했고, 이들이 중국 본토를 침입했다. 다음은 몽고족이 문제였는데, 원나라도 역시 당신들을 침략했지만 결국 실패했다.

마지막으로 명나라는 조선과 직접 합동작전을 전개했으나 만주족이 매우 빨리 흥기해 장백산백두산 동쪽에서 랴오허

유역에 이르는 광활한 지역을 점령했다. 이러한 시기에 한족 또한 일부가 동북지역으로 옮겨 거주하게 되었다. 만주족 통치자는 당신들을 계속 동쪽으로 밀어냈고 결국 압록강, 도문강 동쪽까지 밀리게 되었다. 우리는 당신들의 땅을 밀어붙여 작게 만들고 우리들이 살고 있는 땅이 커진 것에 대해 조상을 대신해서 당신들에게 사과해야 한다.

그래서 반드시 역사의 진실성을 회복해야 한다. 역사를 왜곡할 수는 없다. 도문강, 압록강 서쪽은 역사 이래 중국 땅이었다거나, 심지어 고대부터 조선은 중국의 속국이었다고 말하는 것은 황당한 이야기다. 중국의 이런 대국쇼비니즘이 봉건시대에는 상당히 강했다. 모두 역사학자의 붓끝에서 나온 오류이다. 그래서 나는 과학원 분들이 중국·조선관계사 문제에 대해 공동으로 연구하면서 우리의 잘못을 지적해주기를 바란다(유신재 기자 ohora@hani.co.kr).

3부

신석기와 청동기 및 철기시대의
유적과 유물

01

신석기시대부터 한반도 전역에서 빚어낸 다양한 토기

즐문토기 | 櫛文土器

빗살무늬토기는 신석기시대를 대표하는 문화유산 중의 하나이며, 옛 조선인 고조선 지역에 거주한 신석기 주민이 사용한 토기이다. 기원전 1만 년을 전후한 무렵, 한반도에 나타나 여러 지역으로 확산해 간 것으로 추정할 수 있다. 빗살무늬토기는 제작 연대와 양식적인 특징을 기준으로 초창기, 조기, 전기, 중기, 후기, 말기 토기로 구분된다.

신석기시대에 만들어진 토기는 흔히 빗살무늬토기로 알려져 있다. 하지만 우리나라에서 가장 먼저 만들어진 토기는 무늬가 없는 '고산리식 토기'라 불리는 것이다. 제주도 고산리에서 확인된 이 토기는 그릇을 빚을 때 풀과 같은 유기물을 첨가하여 만들었는데, 구석기시대 석기제작기술을 보여주는 돌 화살촉과 함께 확인되며 기원전 8,000년경으로 추정되고 있다.

고산리식 토기와 함께 빗살무늬토기에 앞서 만들어진 또 다른 토기들로는 덧무늬토기와 누른무늬토기가 있다. 덧무늬토기는 토기의 겉면에 진흙으로 만든 띠를 붙여 다양한 장식을 한 토기로 부산, 통영, 김해를 중심으로 하는 동남해안을 중심으로 동해안 지역의 양양과 고성 등에서 확인되고 있다. 기원전 6,000년경에서 기원전 3,500년경까지 사용되었던 이 토기는 '고산리식 토기'가 확인되기 전까지 우리나라에서 가장 오랜된 토기로 알려져 왔다. 누른무늬토기는 그릇의 아가리 주변을 무늬 새기개로 누르거나 찔러서 무늬를 장식한 것으로, 덧무늬토기와 비슷한 시기와 분포지역을 보인다.

빗살무늬櫛文토기는 바닥이 뾰족한 포탄모양의 형태를 하고 토기 겉면은 점과 선으로 구성된 기하학적인 문양으로 장식된 토기이다. 기원전 4,500년경 한반도 중서부지역을 중심으로 나타난 뒤, 기원전 3,500년경엔 나라의 전 지역으로 확산되었다. 이전의 덧무늬토기나 누른무늬토기에 비해

▲ 사적 267호로 등록된 암사동 선사주거지 빗살무늬토기(출처: 이종백 연합뉴스)

넓은 분포권을 가지고 오랫동안 사용된 대표적인 토기이기 때문에 우리나라 신석기문화를 빗살무늬토기문화라 부르기도 한다.

빗 櫛(즐)의 구성은 나무를 상형한 나무 목(木)과 마디 절(節)로 이루어졌다. 節(절)은 대나무 모양을 상형한 대 죽(竹)과 곧 즉(卽)으로 구성되었다. 卽(즉)은 고소할 급(皀)과 병부 절(卩)로 이루어졌다. 皀(급)은 고소한 흰 쌀밥을 그릇 가득 담아 놓은 모양을 본뜬 글자임을 갑골문이나 금문을 보면 알 수 있다. 卩(절)은 나무를 쪼개 만든 신분을 알 수 있는 병부(兵符)나 신표(信標)를 뜻하기도 하지만, 여기서는 사람이 무릎을 꿇고 앉은 모양을 나타낸다. 즉 맛있는 냄새를 풍기는 밥그릇(皀) 앞으로 다가 앉아(卩) 숟가락을 들고서 '곧' 밥을 먹으려는 모양을 그려내고 있어, 밥상 '가까이' 혹은 '다가가다'라는 뜻을 지니게 되었다.

이와는 반대의 뜻을 나타낸 글자로 이미 기(旣)자가 있는데, 식사를 마치고서 밥상(皀)에서 고개를 돌린 모양(旡)을 그리고 있어 '이미' '벌써'라는 뜻을 지니게 되었다. 이에 따라 節(절)은 대나무(竹)를 빌어 식물의 마디를, 즉(卽)을 빌어서는 동물의 관절이라는 뜻을 담은 데서 '마디'가 본뜻이며, '시기' '절제' 등의 뜻은 파생된 것이다. 따라서 빗 櫛(즐)의 전체적인 의미는 나뭇가지(木)나 대나무와 동물의 뼈(節)를 이용하여 만든 '빗'으로, 사람의 머리나 동물의 털을 가지런하게 위한 '참빗'이나 '얼레빗' '면빗' '음양소' 등이 있다.

글월 文(문)은 앞에서 설명한 녹도문자鹿圖文字의 문文을 참조(89~90쪽).

흙 土(토)는 흙무더기를 쌓아 놓은 모양을 본뜬 상형글자다. 『설문』에서는 "土는 땅이 만물을 토해내어 자라게 하는 것이다. 二(이)는 땅 위와 땅 속의 모양을 본뜬 것이며, ㅣ(곤)은 만물이 나오는 모양이다."고 하였다. 인문학적 의미가 더해 땅(一)에서 초목(十)이 자라나는 모습을 본뜬 글자로도 해석하는데, 즉 뭔가를 내부로부터 밀어내는 의미를 부여했다. 그래서 입 구(口)를 더해 토할 토(吐)를 만들어 낼 수 있었다.

그릇 器(기)는 네 개의 입 구(口)와 개 견(犬)으로 구성되었다. 器(기)자는 고대의 장례풍속인 순장(殉葬)제와 관련이 깊다. 특히 지배계급의 왕족이 사망하면 죽은 사람과 가까운 아내나 신하, 그리고 첩이나 노예를 시신과 함께 묻는 순장은 고대문명권에서는 전 세계적으로 분포하는 습속이었다. 우리나라에서는 신라 지증왕 3년(서기 502년) 3월에 순장법을 금지하는 법령이 반포되기도 하였다. 그래서 그 대안으로 사람대신 동물, 특히 동물 중에서도 사람 가까이서 잘 지켜주는 개를 금은으로 만든 귀중한 보물 및 그릇 등과 함께 무덤 속에 묻었다. 따라서 器(기)의 전체적인 의미는 죽은 사람의 시신 곁에 순장한 개(犬)와 귀중한 보물 및 평소 망자

가 사용했던 그릇(네 개의 口)을 부장품으로 함께 묻었던 고
대인의 장례습속이 담겨 있다.

　　즐문토기櫛文土器란 빗살(櫛) 무늬(文)를 새겨 넣은
흙(土)으로 만든 다양한 형태의 그릇(器)들을 말한다.

02

한민족만이 가진 독특한 음식저장 용기

옹기甕器

○
●
○
●

　고조선 이래 전통적으로 한국인은 옹기甕器를 간장과 된장 및 고추장을 비롯한 장류는 물론 발효식품을 저장하는 용기로 사용하여 왔다. 고조선시대부터 만들어 활용해 온 옹기는 세계에서 한민족만이 가지는 독특한 음식 저장 용기라 할 수 있다. 옹기를 제작하는 시설로서는 토기 제작장과 요성장窯成場이 있었는데, 토기를 제작하는 곳에서는 날 그릇을 주로 다루고, 요성장에서는 날 그릇을 구워 완전한 그릇을 만들어냈다.

　옹기를 만드는 과정을 들여다보면, 먼저 흙을 반죽해서

▲ 옹기. 흙을 사용하여 만든 그릇으로 전통적으로 한국인이 음식물의 저장용기로 사용한 질그릇과 오지그릇(출처: 시몽포토에이전시 연합뉴스)

응달에 약간 말린 뒤 떡매로 쳐서 벽돌 모양으로 만들고, 바닥에 쳐서 판자 모양의 타래미로 만든다. 이를 '판장질'이라고 하는데, 그 다음엔 타래미를 물레 위에 올려놓고 방망이로 타림질 다듬는 일을 한다. 옹기의 모양은 물레의 속도, 손놀림에 따라 결정된다고 할 수 있다. 이렇게 만드는 옹기가 플라스틱이나 스테인리스의 등장으로 1960년대 말부터 점점 쇠퇴하여 질그릇 문화가 사라질 위기에 처하자, 문화부에서는 옹기보호책으로 1989년 5월 옹기인간문화재를 지정하였고, 1990년 옹기장 옹기 만드는 기술자를 중요무형문화재 제96호로 지정하였다. 이러한 덕택이었는지, 발효식품의 과학적 인증이 세상에 알려지면서 현대인들에게 다시금 각광

받고 있다.

이와 같은 옹기는 건강한 삶을 살아가는 데 필수 용기이기도 하지만, 죽어서까지 활용하였다. 고대시대에는 시신을 안장하는 옹관묘甕棺墓의 용도로 사용하였다. 글자를 통해 알아본다.

독 甕(옹)의 구성은 누그러질 옹(雍)과 기와 와(瓦)로 이루어졌다. 雍(옹)은 본디 할미새 雝(옹)이었지만 현재의 자형으로 간략화되었다. 雝(옹)은 화할 옹(邕)과 새 추(隹)로 짜여 있다. 옹(邕)은 내 천(巛)과 고을 읍(邑)으로 이루어졌는데, 巛(천)은 川(천)의 본래글자이지만 그 의미는 약간 다르다. 즉 川(천)은 사람의 손길이 닿은 인공적인 하천을 말한다. 즉 자형의 가운데 'ㅣ'이 물줄기를 뜻하고 좌우는 인공적으로 쌓아올린 제방을 의미한다. 고대의 정책 중 가장 중요한 일이 곧 물길을 다스리는 치수治水였듯이 제방을 쌓아 물이 범람하지 않도록 했음이 川(천)자에 담겨 있다. 또한 巛(천)은 '재앙 재(災)'에서 볼 수 있듯 홍수로 인해 범람한 하천을 뜻한다. 그러나 여기에선 사람들이 활용할 수 있는 물살이 세지 않은 물길을 뜻한다.

邑(읍)에 대해 허신은 『설문』에서 "邑은 나라(國)를 뜻하

며, 口(위)로 구성되었다. 선왕先王이 법을 제정하여 존비尊卑
와 대소大小의 차이를 두었다. 卪(절)로 구성되었다."고 하였
다. 갑골문에서는 성곽을 뜻하는 口(위)아래에 사람이 꿇어
앉은 모습(卪)을 그려내 사람의 거주지를 나타냈다. 이에 따
라 화할 옹(邕)은 사람들이 사는 거주지(邑)에 휘돌아나가는
물길(巛)이 있으니 서로들 화합하며 살 수 있음을 뜻하게 되
었다.

　隹(추)에 대해 허신은 『설문』에서 "隹는 꽁지가 짧은 새
들을 아우른 명칭이며, 상형글자이다."고 하였다. 꼬리가 긴
새는 鳥(조)라 하며 비교적 짧은 꽁지를 가진 참새나 도요새
등을 지칭하는 글자를 나타낼 때는 隹(추)에 다른 부수를 더
해 참새 雀(작)이나 도요새 雦(금)처럼 활용된다. 이에 따라
雝(옹)은 집에서 기르는 가금류(隹)들이 사람들과 함께 화기
롭게(邕) 살아간다는 데서 '화합하다' '할미새'를 뜻하게 되
었다.

　기와 瓦(와)는 비가 새지 않도록 지붕을 덮은 포개진 기
와를 본뜬 상형글자다. 瓦(와)에 대해 『설문』에서는 "瓦는 흙
으로 만든 그릇 가운데 불에 구워진 것의 총칭이다. 상형글
자다."라고 하였다. 지붕에 인 기와를 뜻하는 瓦(와)는 갑골
문이나 금문에는 보이지 않으며, 단옥재는 주석에서 '흙으로

만들었지만 아직 굽지 않은 것은 坏(배)라 하고 구워진 것은 瓦(와)라 한다.'라고 하였다. 후대로 오면서 실을 감는 실패 역시 진흙을 구워 만들었다는 데서 '실패'라는 뜻도 지니게 되었다.

따라서 독 甕(옹)의 전체적인 의미는 흙으로 빚어 구워 만든 질그릇(瓦)은 내용물을 잘 발효시켜 그 성질을 잘 누그러지게(雍=䨆)한다는 데서 '독' '단지' '항아리' 등의 뜻을 지니게 되었다.

그릇 器(기)는 앞에서 설명한 즐문토기櫛文土器의 기器를 참조(127~128쪽).

옹기甕器란 흙으로 빚어 만든 독이나 단지(甕) 등의 그릇(器)을 말한다.

03

고조선시기부터 수증기를 이용한 찜 용기의 결정판

시루甑

시루는 떡이나 쌀 등을 찔 때 쓰는 한국 고유의 수증기를 이용한 찜 기器다. 우리나라에서 이러한 시루를 쓰기 시작한 것은 고조선시대인 청동기시대부터인데 오늘날에도 각 가정에서 활용하고 있지만, 구조나 모양이 별로 달라지지는 않았다.

시루는 바닥에 구멍이 여러 개 뚫려 있어 물을 부은 솥에 올려놓고 불을 때면 뜨거운 수증기가 구멍 속으로 들어가 시루 안에 넣은 음식물이 익는다. 또한 김이 잘 오르고 가루가 구멍으로 새어 나가지 않도록 삼베 등으로 만든 깔개를 시루

▲ 서울 풍납토성에서 출토된 백제의 대형 시루(왼쪽)와 동이(오른쪽). (출처: 김태식 연합뉴스)

밑에 깔기도 한다.

시루의 역사는 고조선에서부터 삼국시대를 거쳐 오늘날까지 이어지고 있다. 황해도 안악군 오국리 안악 3호분 무덤 벽화에는 여인들이 집안일을 하는 모습이 그려져 있는데, 부뚜막에 놓인 큰 시루와 함께 오른손에는 주걱을, 왼손에는 젓가락을 들고 있는 여인이 그려져 있다. 이는 곧 시루 안에 든 음식물이 익었는지 찔러보는 모습으로 추정할 수 있는데, 오늘날과 별반 다르지 않은 것 같다.

시루떡은 풍요의 상징으로 조상에게 지내는 제사 때는

▲ 구리시 아차산의 고구려 관방유적인 시루봉 보루에서 출토된 고구려 시루. 시루 바닥(아래)에는 구멍을 마련했다(출처: 시몽포토에이전시 연합뉴스)

물론 결혼과 잔치 때도 빠지지 않고 등장했다. 그래서인지 한반도에 소재한 마을 주변의 산들엔 시루를 상징하는 '시루 봉'이 유독 많은 것도 같다.

이러한 시루를 뜻하는 글자들은 시루 甑(증)과 시루 甗 (언) 등이 있는데, 자세히 살펴보기로 하자.

시루 甑(증)의 구성은 일찍 증(曾)과 기와 와(瓦)로 이루어졌다. 曾자는 '일찍'이나 '이미', '이전에'라는 뜻을 가진 글자이다. 曾자는 曰(가로 왈)자가 부수로 지정되어 있지만

'말씀'하고는 아무 관계가 없다. 曾자는 구멍이 있는 조리 도구의 일종을 그린 것이기 때문이다. 曾자는 지금으로 따지면 떡이나 쌀 따위를 찔 데 쓰는 시루를 그린 것이다. 그래서 갑골문에서의 曾자는 '찌다'라는 뜻으로 쓰였었다. 그러나 후에 曾자가 '일찍'이라는 뜻으로 가차假借되면서 지금은 여기에 瓦(기와 와)자를 더한 甑(시루 증)자가 '시루'라는 뜻을 대신하고 있다. 기와 瓦(와)는 앞의 옹기甕器를 참조 바람.

시루 鬳(언)의 구성은 솥 권(鬳)과 앞에서 살펴본 기와 와(瓦)로 이루어졌다. 鬳(권)은 호피 무늬 호(虍)와 솥 력(鬲)으로 구성되었다. 호랑이의 모습을 그대로 본뜬 虎(호)는 자형상부는 머리를, 가운데(厂과 七)는 늠름한 몸통을, 그리고 하부는 사람의 발(儿)을 가차하여 그려낸 상형글자이다. 다른 부수에 더해 새로운 자형을 만들 때는 보통 하부의 발(儿)을 생략한 채 虍(호)만을 사용하는데, 그래도 호랑이라는 본뜻은 그대로 있다.

鬲(격)은 천지인 삼원사상에 따라 세 발 달린 솥을 상형한 것이다. 이에 따라 鬳(권)은 동이족이 친근한 영물로 여겼던 호랑이 무늬(虍)를 새겨 넣은 세 발 달린 솥(鬲)을 그려낸 것이다. 이는 곧 삼태극三太極이나 삼족오三足烏와 같이 3수를 근간으로 한 고조선의 영향으로 추정할 수 있다. 여기에서 鬲(력)자는 '솥'이나 '막다'라는 뜻을 가진 글자인 '막을 격'이기도 하다. 그래서 鬲(력)자는 鼎(솥 정)자와 같이 '솥'이라는 뜻을 가지고는 있지만 鼎자가 신에게 음식을 바치는 도구였다면 鬲자는 음식을 조리하기 위한 실생활에서 사용했던 '솥'을 그린 것이라 할 수 있다.

시루甑 · 䰝이란 가마솥 위에 올려놓고 다양한 곡물들을 증기를 활용하여 쪄내는 용기를 말한다.

04

고대국가인 고조선 청동기문화의 다양한 유적과 유물들

청동기靑銅器문화

·
·
·

한때 대륙을 지배했던 고조선의 찬란한 문명은 청동기 靑銅器문화를 주도했다. 그러다 보니 생로병사에 걸쳐 다양한 유물들의 흔적이 곳곳에 남아 있다. 생명의 탄생을 함유한 여신상을 시작으로 일상생활에 쓰인 빗살무늬 및 민무늬 토기는 물론 질그릇의 일종인 옹기, 그리고 놋그릇인 유기鍮器 등이다.

이러한 청동기 유물 중에서도 한국의 청동기로는 세형 동검細形銅劍·정문경인 잔무늬 거울다뉴세문경多鈕細紋鏡·청 동촉靑銅鏃·구리창동모銅鉾 등이 있다. 특히 세형동검은 한반

▲ 전남 화순군 대곡리 마을 출토 청동유물 세트 11점. 동검 3점, 팔주령 2점, 쌍두령 2점, 새기개와 청동도끼 각 1점, 잔무늬거울(다뉴세문경) 2점으로 구성된다(출처: 연합뉴스).

도 전역은 물론 만주나 러시아의 연해주, 일본의 규슈九州에까지 걸친 광대한 지역에서 출토되고 있다. 이 외에도 제사나 주술 등에 사용되었을 것이라고 추측되는 가지방울이나 잔무늬 거울 등이 출토되고 있다.

또한 사후세계를 위해서는 다양한 무덤의 형태가 존재해 왔다. 특히 전 세계에 6만여 기 중 4만여 기가 한반도 일대에 존재하는 고인돌支石墓, 그리고 돌널무덤石棺墓·독무덤甕棺墓·움무덤土壙墓 등도 사후세계에 대한 안장의식과 관련이 있다.

　　푸를 靑(청)에 대해 허신은 『설문』에서 "靑은 동쪽 방향을 나타내는 색이다. 木(목)은 火(화)를 낳는다(오행의 상생관계, 목생화木生火를 뜻함). 生(생)과 丹(단)으로 구성되었다."고 하였다. 갑골문에는 보이지 않지만 금문에 그려진 자형을 보면 광산의 갱도(井)에서 광물(丶)을 깨내는데, 자형(丹)이 형성된 시대적인 배경으로 보아 구리일 가능성이 높다. 여기서 붉은 뜻을 갖는 丹(단)은 안료로 쓰이는 주사(朱砂)나 진사(辰砂)를 의미하기도 하지만, 구리(銅)를 나타내기도 했다. 따라서 구리(丹)가 산화되면 푸른빛을 낸다(生)는 점에서 착안하여 '푸를 靑'이라 하였다.

　　구리 銅(동)은 쇠 금(金)과 한 가지 동(同)으로 이루어졌다. 金(금)은 갑골문에는 보이지 않고 금문에 보이는데, 잘 살펴보면 주물鑄物을 할 때 쓰이던 거푸집(스)과 녹인 쇳덩이(土와 두 개의 점)를 상형한 것임을 알 수 있다. 그러나 대부분 소리요소인 금(今)의 생략형에다 흙(土)에 덮여 있는 두 덩어리(두 점)의 금을 나타낸 형성글자로 보는 경향이 많은데 이는 금문을 고려하지 않은 탓이다. 금(金)이라는 글자가 만들어진 시기는 상나라 이후 선진시대 청동기문화가 활발하게 꽃피던 때로 '황금'을 의미한다기보다는 '청동(靑銅)'을 뜻했는데, 후대로 오면서 모든 쇠를 아우른 금속의 대표명사가 되었다.

同(동)은 갑골문에도 보이는 자형이지만 통일된 해석이 없다. 인문적인 접근을 한다면 대나무와 같이 속이 텅 비었음을 나타낼 뿐만 아니라 마디마디를 절단해도 거의 한결같은 크기라는 뜻이 내포되었다고도 볼 수 있고, 또한 한 무리(冖)의 사람들이 모두 한(一) 목소리(口)를 낸다고도 보아 '한 가지' '함께' '다 같이' 등의 뜻이 발생했다고 볼 수 있다. 이에 따라 銅(동)의 전체적인 의미는 겉으로 드러난 빛깔이 마치 황금(金)과도 같이(同) 불그스레하게 빛난다고 하여 '구리'를 뜻하게 되었다.

그릇 器(기)는 앞에서 설명한 즐문토기櫛文土器의 기器를 참조(127~128쪽).

청동기靑銅器란 구리와 주석 등을 혼합한 청동靑銅을 활용하여 다양한 용도로 만든 기구(器)를 총괄하여 말한다.

05

청동기문화의 뛰어난 기예가 담긴 다뉴세문경多鈕細紋鏡

정문경精文鏡

•
•
•

청동기문화의 정수가 담긴 것들 중에서도 가장 뛰어난 기술력이 담긴 것으로는 청동거울인 국보 제141호 정문경精文鏡이 있다. 예전에는 그 명칭을 다뉴세문경多鈕細紋鏡이라 하였다. 청동기와 초기 철기시대에 제작된 이 거울은 잔무늬 거울이라고 한다. 한쪽 면은 거울로써 사물을 비출 수 있게 하였고, 거울 뒷면에는 끈을 이용해 목에 걸 수 있도록 두 개의 고리鈕를 만들었다.

이 정문경은 지름 21.2cm, 테두리의 폭이 1cm이다. 외부에 두드러진 테를 돌린 그 안쪽에는 기하학적인 문양을 새기

▲ 청동기 정문경(다뉴세문경). 국보 제141호(출처: 이종백 연합뉴스)

고, 내內·중中·외外로 나누어 삼등분하였다. 정문경의 뛰어난 제작 기술 때문에 세간에서는 현대적인 기술로도 복제할 수 없다는 소문이 나돌기도 하였다. 2008년 10월 16일 열린《국보 제141호 다뉴세문경 과학적 보존처리》학술대회에서는 과학적 연구조사를 통해 다뉴세문경의 합금이 황금비율이랄 수 있는 구리 65.7%에 주석 34.3%임을 알아냈다. 거푸집은 입자가 곱고 가는 모래에 문양을 조각하여 만들었음을 밝히기도 하였다.

청동기시대에는 이러한 거울은 아무나 갖지 못했다. 신의 뜻을 전하는 제사장의 권력을 상징하는 신비한 힘을 가진 물건이었기 때문이다. 번개와 별과 태양무늬 등으로 다소 거칠게 제작된 초기의 조문경粗文鏡과는 달리 세밀한 기하학적인 무늬로 발전한 세문경細文鏡 역시 샤먼적인 요소가 담긴 태양의 상징을 담고 있다. 지름 21cm인 이 정문경은 거울 뒷면에 0.3mm 간격으로 무려 1만3천 개에 이르는 가는 선을 새겨 넣은 섬세한 제작 기법이 특징적이랄 수 있다. 말 그대로 정문경精文鏡이란 정교한 무늬가 새겨진 거울이란 뜻을 지니고 있다.

찧을 精(정)의 구성은 쌀 미(米)와 푸를 청(靑)으로 이루어졌다. 米(미)는 벼와 기장의 알맹이 모양을 본뜬 상형글자로 갑골문에도 보이는데, 가로획(一)을 중심으로 상하에 각각 세 점이 곡식의 낟알을 표시하고 있다. 靑(청)에 대해 허신은 『설문』에서 "靑은 동쪽 방향을 나타내는 색이다. 木(목)은 火(화)를 낳는다(오행의 상생관계, 목생화木生火를 뜻함). 生(생)과 丹(단)으로 구성되었다."라고 하였다. 갑골문에는 보이지 않지만 금문에 그려진 자형을 보면 광산의 갱도(井)에서 광물(丶)을 꺼내는데, 자형(丹)이 형성된 시대적인 배경으로 보아 구리일 가능성이 높다. 여기서 붉은 뜻을 갖는 丹(단)은 안료로 쓰이는 주사(朱砂)나 진사(辰砂)를 의미하기도 하지만, 구리(銅)를 나타내기도 했다. 이에 따라 구리(丹)가 산화되면 푸른빛을 낸다(生)는 점에 착안하여 '푸를 靑'이라 하였다. 精(정)의 전체적인 의미는 벼를 절구에서 찧어 껍질을 벗겨낸 쌀(米)은 현미와 같이 푸르스름(靑)한 빛이 감돈다는 데서 '찧다'는 뜻과 함께, 찧은 쌀은 깨끗하다는 데서 '깨끗하다'는 뜻을 지니게 되었으며, 또한 찧은 쌀은 아주 자잘하기 때문에 '세밀하다' '자세하다'는 뜻도 파생되었다.

글월 文(문)은 가슴에 다양한 형태의 문신이 새겨진 사람의 모양을 본뜬 것이다. 고대 장례 풍속에서 죽은 사람의 시신에 문신을 새기는 것은 경건함을 나타냈을 뿐만 아니라 신에게 알리는 소통의 의미를 지녔다. 이는 곧 죽으면서 피를 흘려야만 영혼이 왔던 곳으로 되돌아간다고 믿었던 의식이 반영된 것이다. 이와같이 文(문)은 본래 어떠한 '무늬'를 뜻하였으나, 초기의 글자가 곧 사물의 문양이나 모양을 본뜬 상형글자이기 때문에 '글자'라는 뜻으로 확장되었다.

거울 鏡(경)의 구성은 쇠 금(金)과 다할 경(竟)으로 이루어졌다. 金(금)은 갑골문에는 보이지 않고 금문에 보이는데, 잘 살펴보면 주물鑄物을 할 때 쓰이던 거푸집(亼)과 녹인 쇳덩이(土와 두 개의 점)를 상형한 것임을 알 수 있다. 그러나 대부분 소리요소인 금(今)의 생략형에다 흙(土)에 덮여 있는 두 덩어리(두 점)의 금을 나타낸 형성글자로 보는 경향이 많은데 금문을 고려하지 않은 탓이다. 금(金)이라는 글자가 만들어진 시기는 상나라 이후 선진시대 청동기문화가 활발하게 꽃피던 때로 '황금'을 의미한다기보다는 '청동(靑銅)'을 뜻했는데, 후대로 오면서 모든 쇠를 아우른 금속의 대표명사가 되었다.

竟(경)은 소리 음(音)과 사람 인(儿)으로 짜여 있다. 『설문』에서는 "소리가 마음에서 우러나와 몸 밖으로 나옴이 마디마디가 있는 것을 音(음)이라 한다."라고 했는데, 갑골문 등에서는 입(口)에 나팔과 같은 관악기를 불고 있는 모양으로 그려내고 있다. 그래서 竟(경)의 뜻은 사람(儿)이 관악기의 연주(音)를 끝냄을 나타낸 것으로, '끝나다' '다하다' 등의 의미를 지니게 되었다. 이에 따라 거울 鏡(경)의 전체적인 의미는 청동(金)으로 만든 판판한 판을 매끄럽게 문지르고 문지름을 다해(竟) 만든 '거울' '거울삼다' 등의 뜻을 부여했다.

정문경精文鏡이란 거울 뒷면에 0.3mm 간격으로 무려 1만3천 개에 이르는 정교(精)한 가는 선을 무늬(文)처럼 새겨 넣은 거울(鏡)이란 뜻을 지니고 있다.

06

고대 선진문명을 주도한 동이족東夷族의 문화유산

철기鐵器문화

◦
·
●

　고대문명에 대한 이해는 대체적으로 청동기와 철기의 유적을 추적하는 데서 출발한다고 볼 수 있다. 일반적으로 청동기문명을 철기시대보다 앞선 문명으로 보는 것은 제작의 난이도에 따른 것이다. 청동기의 주요원료인 구리의 용해점은 1,083℃인데 반해 철은 1,535℃로 500여 ℃라는 차이가 있다. 이 정도 온도를 높이려면 상당한 기술력이 요구된다.

　동북아에 기원을 두고 있는 한자는 쇳덩이를 철鐵로 표기하고 있다. 이 鐵철자는 진시황秦始皇이 중원을 통일한 후 승상 이사李斯를 시켜 문자통일을 한 결과물인 소전小篆에 등장한다. 그런데 이 鐵철자보다 오래된 고대글자를 아는 사람은 드문 것 같다. 우리민족을 뜻하는 夷이자가 들어간 銕철자가 현재 통용되는 쇠 철鐵의 옛글자라는 사실이다.

고대에 철기문명을 주도한 민족이 바로 동이족이라는 흔적이 당시 사람들의 글자 제작의도에 담긴 것이다. 중국은 예부터 자기중심의 역사를 전개하며 주변 국가나 부족들을 미개 민족인 오랑캐로 치부했다. 북쪽 사람들은 북쪽 오랑캐인 북적北狄, 서쪽 오랑캐인 서융西戎, 남쪽 오랑캐인 남만南蠻, 그리고 우리 민족을 동쪽 오랑캐인 동이東夷라 하였다. 그러나 고대 역사서에선 동이족에 대한 기술이 사뭇 다르다.

동북아 최고의 지리서인 『산해경山海經』 「해외동경海外東經」에 "군자의 나라가 북쪽에 있는데, 의복을 갖추고 관을 썼으며 칼을 차고 다닌다. 육식을 하며 큰 호랑이 두 마리를 곁에서 호위케 하였다. 그 나라 사람들은 양보하기를 좋아하고 다투지 않는다. 훈화초 무궁화가 있는데, 아침에 피었다가 저녁에 진다. 君子國在其北군자국재기북 衣冠帶劍의관대검 食獸식수 使二大虎在旁사이대호재방 其人好讓不爭기인호양부쟁 有薰華草유훈화초 朝生夕死조생석사"라고 하였다.

쇠 銕(철)의 구성은 쇠 金(금)과 오랑캐 夷(이)로 짜여

▲ 아차산성 망대지 일대 건물지 10여 동에서 다량으로 출토된 구리거울과 철기류(출처: 연합뉴스)

있다. 金(금)은 갑골문에는 보이지 않고 금문에 보이는데, 잘 살펴보면 주물(鑄物)을 할 때 쓰이던 거푸집(亼)과 녹인 쇳덩이(土와 두 개의 점)를 상형한 것임을 알 수 있다. 그러나 대부분 소리요소인 금(今)의 생략형에다 흙(土)에 덮여 있는 두 덩어리(두 점)의 금을 나타낸 형성글자로 보는 경향이 많은데 이는 금문을 고려하지 않은 탓이다. 금(金)이라는 글자가 만들어진 시기는 상나라 이후 선진시대 청동기문화가 활발하게 꽃피던 때로 '황금'을 의미한다기보다는 '청동(靑銅)'을 뜻했는데, 후대로 오면서 모든 쇠를 아우른 금속의 대표명사가 되었다.

오랑캐 夷(이)의 구성은 큰 大(대)와 활 弓(궁)으로 짜여 있다. 먼저 살펴볼 큰 大(대)는 사람이 두 팔다리를 활짝 벌리며 서 있는 모습을 정면에서 바라보아 본뜬 상형글자이다. 사람의 다른 모습에 비해 최대한 크게 보이는 형체여서 '크다'는 뜻으로 쓰여 왔다. 弓(궁)에 대해 허신은 『설문』에서 "弓은 도달한다는 뜻이다. 가까운 곳에서 멀리까지 도달하는 것이며, 상형글자다. 옛날에 揮(휘)라는 사람이 활을 만들었다. 『주례周禮』에 '육궁이 있는데, 왕궁王弓과 고궁弧弓은 갑옷이나 과녁에 쏘는 데 쓰이고, 협궁夾弓과 유궁庾弓은 들개가죽으로 만든 과녁이나 날짐승과 들짐승을 쏘는 데 쓰이고, 당궁唐弓과 대궁大弓은 배우려는 자가 쏘는 활이다'."고 하였다.

갑골문의 자형은 활의 모양을 그대로 그린 모양이며, 금문에 와서 활시위를 매지 않은 모양으로 변화하였다. 이는 곧 쓰지 않을 때는 활시위를 풀어 둠으로써 활의 탄력성을 높이려는 의도로 보인다. 이에 따라 夷(이) 자에는 집 밖을 나갈 때는 항상 활(弓)을 들고 다니는 사람(大)들이란 의미를 내포해, 특히나 중원사람들의 입장에서 동쪽의 오랑캐인 동이족을 뜻하게 되었다. 이에 따라 쇠 銕(철)은 청동기 및 철기문명(金)을 꽃피운 것은 동이족(夷)이라는 의미가 함축되어 있음을 유추할 수 있다.

쇠 鐵(철)의 구성은 앞서 살펴본 쇠 금(金)과 자형우변의 날카로울 철(十+戈+呈)로 이루어졌다. 우변의 철(十+戈+呈)은 명확하지는 않지만, 글자 전체의 의미를 고려할 때 쇠붙이(金)를 녹여 칼이나 창(十, 戈)과 무기를 만들어 관청 등에 바친다(呈)는 데서 '철' '검은 쇠' 등의 뜻을 지닌 것으로 유추할 수 있다. 이에 따라 쇠 鐵(철)은 청동이나 쇠(金)로 주조하거나 야금으로 만들어낸 날카로운 철(十+戈+呈)기류의 철제제품을 뜻한다고 볼 수 있다.

07

일상의 생활양식이 담긴 한중일 젓가락과 숟가락의 차이

시저匙箸

．
．
．

　동아시아의 한중일韓中日 세 나라는 여러 측면에서 비슷한 문화적 양상을 보이고 있지만, 삼국의 생활태도는 뚜렷한 차이를 보이고 있다. 언어에서뿐만 아니라 음식문화도 그렇다. 이러한 음식을 마시고 먹는 기본적인 도구에는 숟가락과 젓가락이 있는데, 어떠한 차이를 보이고 있을까?

　중국과 일본은 식사를 하는 데 있어 젓가락을 주요한 도구로 삼는데 비해 한국에선 항상 숟가락과 젓가락이 한 세트처럼 붙어 놓인다. 왜 그럴까? 한국은 밥飯과 국湯, 그리고 찬饌이 함께 놓인다. 숟가락은 밥과 국을 먹기 위해 필요하고,

▲ 중국이나 일본과는 달리 한국에선 항상 숟가락과 젓가락이 한 세트처럼 붙어 놓인다(출처: 이충원 미디어랩).

젓가락은 각종 찬을 집기 위해 필요하다. 중국과 일본은 젓가락만을 사용하기 때문에 숟가락은 그다지 많이 활용하지 않는 것 같다.

중국과 일본에서 사용하는 젓가락의 주요한 재료는 대나무나 다른 나무를 활용한다. 이에 비해 한국에서는 주로 철로 된 쇠젓가락을 이용한다. 이는 쇠 철鐵의 옛 글자古字가 철銕인 점에서도 엿보이듯 동이족을 뜻하는 夷이가 결합되어 있다. 이는 곧 청동기 및 철기문화를 주도했던 사람들이 곧 동이족東夷族이란 의미가 담겨 있다. 그렇기에 대나무나 나무

와 달리 썩지 않는 청동이나 철로 만든 숟가락과 젓가락들이
유독 동이족 계열의 무덤에서 출토되는 이유다.

　　젓가락의 재질이 각기 다른 것처럼 그 길이에 있어서도
차이를 보인다. 중국의 것은 한중일 세 나라 가운데 제일 길
면서 끝이 뭉툭하고, 일본의 젓가락은 가장 짧으면서도 끝이
뾰족하다. 이에 비해 한국의 젓가락은 길이도 그렇고 끝도
중국과 일본의 것에 비해 중간 정도의 크기와 끝맺음이다.
그러면서도 동이족의 후예인 우리나라에서는 숟가락과 젓가
락이 분리되지 않고 항상 함께 붙어 다니기에 '수저'라 지칭
하고 있다.

　　숟가락 匙(시)의 구성은 옳을 시(是)와 비수 비(匕)로
짜여 있다. 是(시)는 항상 이지러지지 않는 둥근모양의 태양
을 상형한 해 일(日)과 바를 정(正)으로 구성되었다. 正(정)
은 한 일(一)과 발 지(止)로 구성되었다. 갑골문에 새겨진 正
(정)자는 흙이나 나무로 만든 목책을 둘러친 성(城)을 뜻하
는 '口'모양과 止(지)로 이루어져 있었는데, 소전에 이르러서
단순하게 '一'모양으로 바뀌어 오늘날에 이르고 있다. 따라
서 애초에 正(정)의 의미는 공격목표인 성곽(口)을 향해 가다
(止), 즉 '정벌하다'가 본뜻이었으나 후에 파생된 '바로잡다'

'바르다'로 쓰이자 본뜻을 살리기 위해 '칠 정(征)'자를 별도로 만들었다.

그러나 인문학적인 지식을 더해 한자를 해석한 한나라의 허신은 正(정)에 대해 『설문』에서 "正은 옳다는 뜻이며 一(일)로 구성되었는데, 한 곳에 멈추는 것"이라고 하였다. 이에 따라 일반적으로 한 곳(一)에 멈추어 서서(止) 살피는 게 '바른 일'이라고 해석하고 있지만, 오히려 한 길(一)을 따라 가도록 하는 것(止)이 '바른 일'이라는 점으로 해석하는 것이 좀 더 나을 것 같다. 止(지)는 '멈춘다'는 뜻도 있지만 많은 자형에서 '가다'는 의미로도 쓰이기 때문이다.

지상에 사는 사람들은 밝은 태양(日)을 숭배하였는데, 해는 잠시의 멈춤도 없이 일정한 행로를 따라 운행될 뿐만 아니라 만물을 차별 없이 비추어 주기 때문에 인간에게는 경배의 대상이었다. 이에 따라 昰(시)에는 태양(日)처럼 한 길(一)을 따라가는(止) 것이 '옳은 일'이라는 뜻이 담겨 있다.

匕(비)에 대해 허신은 『설문』에서 "匕는 서로 더불어 나란히 늘어서다는 뜻이다. 人(인)이 반대로 된 모양으로 구성되었다. 匕(비)는 또한 밥을 먹는 데 사용하는 도구로 쓰이기에 숟가락(柶)이라고 부르기도 한다."고 하였다. 匕(비)가 다른 자형에 더해져 숟가락(匙)이란 뜻도 있지만, 化(화)에서처럼 정상적인 사람(亻)이 늙어 웅크리고 있는 모습(匕)을 뜻하기도 한다. 즉 정상적인 사람(亻)이 늙거나 병들어 웅크리고 있는 모양(匕)은 곧 바뀌었음을 뜻하기 때문이다.

이에 따라 **숟가락 匙(시)**의 전체적인 의미는 일반적으로 식사를 할 때는 자기에게 배당된 밥만을 숟가락(匕)을 이용해 남의 것을 기웃거리지 말고 자기 밥만을 올곧게(是) 먹어야 한다는 뜻이 함유되어 있다.

젓가락 箸(저)의 구성은 대 죽(竹)과 놈 자(者)로 이루어졌다. 竹(죽)에 대해 허신은 『설문』에서 "竹은 겨울에도 살아 있는 풀이며 상형글자이다. 아래로 드리워진 것은 죽순의 껍질이다."고 하였다. 고문에서는 대나무 줄기(丨)에 죽순이 올라오며 자연스레 벗겨지는 껍질을 나타낸 것이다. 죽(竹)이 다른 부수를 만나 새로운 글자를 만들 때는 대부분 자형의 상부에 놓이며 대나무와 관련한 뜻을 지니게 된다.

놈 者(자)는 본래는 솥에 음식물을 넣고 삶는 모양을 상형한 글자다. 그런데 현재 자전에서 者(자)를 찾으려면 耂(로) 부수에서 찾아야 되는 '회의글자'로 분류되어 있다. 그래서 그 해석 또한 대부분 나이 많은 노인(耂)이 나이 어린 사람에게 말할 때(白) '이놈저놈' 한다는 데에서 '놈'이란 의

미가 부여되었다는 것이다. 그러나 갑골문과 금문에 나타
난 자형을 살펴보면, 자형하부의 '白'은 솥단지가 변화된 것
이며 상부의 '屮'는 나물이나 고깃덩어리가 부글부글 끓으
면서 솟아오르는 김의 모양을 나타낸 것으로 '삶다'가 본뜻
이었다. 그런데 솥에 삶은 국을 '이놈저놈'이 나누어 먹는다
는 뜻을 담아 평범한 사람을 의미하는 '놈 者(자)'로 쓰이자,
본래의 뜻을 보다 명확히 하고자 불 화(灬)를 더해 '삶을 煮
(자)'를 별도로 제작하였다.

이에 따라 **젓가락 箸(저)**의 전체적인 의미는 대나무를
잘게 쪼개 만든 두 개의 막대(竹)를 이용해 밥상에 놓인 이것
저것(者)의 찬을 집어 먹을 수 있는 뜻이 내포되어 있다.

시저匙箸란 음식인 국과 밥을 먹을 때 숟가락(匙)을 사
용하고 함께 차려진 각종 반찬은 젓가락(箸)을 이용한다는
의미로 숟가락과 젓가락을 우리말로는 '수저'라고 한다.

08

한민족만의 고유하고도 다양한 용도에 따른 여러 솥

가마솥鎬

●
●
●

가마솥은 고조선시대부터 우리 한민족이 음식을 끓이거나 밥을 짓는 데 쓰는 무쇠로 만든 우리만의 전통 솥이다. 특히 시루를 활용해 밥을 찌거나 떡을 할 때는 필수적인 용도로 활용해 왔다. 청동기와 철기문화를 주도했던 동이족이 처음에는 솥으로 토기를 활용하다가 점점 놋쇠와 무쇠솥으로 발전시켰는데, 이는 유적에 남아 있다. 가마솥은 다리는 없고 네 개의 귀를 달아 부뚜막(爨찬)에 고정하였다.

온돌을 난방용으로 활용해온 한민족의 고대 가옥 부엌에 붙박이로 설치한 게 가마솥이다. 아마도 반세기 전만 해

▲ 가마솥으로 밥을 한 모습. 밥을 짓거나 음식을 끓일 때 사용하는 무쇠로 만든 솥이다(출처: 북앤포 토 연합뉴스).

도 대가족이 함께 사는 것이 일반적이었음을 반영한 생활양 식이기도 하다. 보통 대중소로 세 개 정도의 솥을 설치하는 데, 밥을 짓는 용도로는 비교적 큰 가마솥을, 그리고 국이나 탕을 끓이는 용도의 중간크기에 여타 조리용의 작은 솥을 걸 었다.

우리 민족은 삼국시대 이전인 고조선 때부터 솥을 사용한 것으로 보인다. 그 시대상을 알 수 있는 고분에서 토기로 만든 솥이 출토되었고, 고분벽화에서도 부녀자들이 솥을 걸고 밥을 짓는 모습들이 그려져 있다. 그러다 청동기 및 철기 문화를 주도했던 동이족은 토기에서 놋쇠나 무쇠를 활용해 가마솥을 주조했던 것으로 파악된다.

무쇠로 만든 가마솥은 우리 민족의 성향을 대변하기도 한다. 장작불과 같은 강한 열에도 쉽게 뜨거워지진 않지만 한번 데워지면 그 열기가 오래간다. 은근과 끈기의 민족성이 반영된다. 그러니 가마솥에서 지어낸 고슬고슬한 밥은 그 어느 조리기구도 대신하지 못한다. 무거운 솥뚜껑이 높은 압력을 내도록 그 역할을 하기 때문이다.

도시화가 급속하게 진행된 요즘에는 대가족 대신 핵가족화가 되어 그 옛날의 가마솥은 일반가정집에선 찾아보기가 쉽지 않다. 이젠 그 역할을 압력밥솥이 대신하고 있다. 다만 가마솥에 관한 옛 생활문화가 담긴 글자들이 남아 있을 뿐이다. 몇 글자만 간추려 본다.

가마솥 錡(기)의 구성은 쇠 금(金)과 기이할 기(奇)로 이루어졌다. 金(금)은 주물鑄物을 할 때 쓰이던 거푸집(亼)

과 녹인 쇳덩이(土와 두 개의 점)를 상형한 것이다. 본래는 주물하기 쉬운 청동(靑銅)을 의미하였지만 자형에 따라 '황금'을 뜻하기도 하며 금속을 대표하는 글자로 쓰이고 있다. 奇(기)는 두 팔을 벌리고 서 있는 사람의 모양을 상형한 큰 대(大)와 옳을 가(可)로 구성되었는데, 여기서 可(가)는 사람이 이동수단으로 이용했던 말(馬)이 변화된 모양이다. 갑골문의 자형 역시 사람(大)이 말(可)과 같은 동물 위에 올라탄 모양인 데서 '기이하다'의 뜻을 부여하였다. 이에 따라 **가마솥 錡(기)**의 전체적인 의미는 큰 사람이 기마자세로 서 있는 것(奇)처럼 청동이나 무쇠(金)로 만든 커다란 '가마솥'이나 말을 타고서 적군에 활을 쏘는 격발장치 '쇠뇌'를 뜻하기도 한다.

가마솥 鬻(종)은 솥 력(鬲)과 오므릴 종(娞)으로 짜여 있다. **력(鬲)**은 세 개의 다리로 지탱하면서 그 아래에서 불을 지필 수 있는 일종의 휴대하기 간편한 솥을 상형하였다. 이는 곧 취사용 솥을 그린 것으로 처음 질그릇에서 청동기로 발전하였다. 또 다른 솥을 의미하는 솥 정(鼎) 역시 세발 달린 조리기구이지만, 鼎은 주로 천지의 신에게 올리는 제례용 솥이었다는 점이 다르다.

종(鬵)은 흉악할 흉(兇)과 뒤져서 올 치(夊)로 이루어졌다. 흉(兇)은 흉할 흉(凶)과 사람 인(儿)으로 짜여 있는데, 흉(凶)은 죽은 사람의 가슴 부위에 칼로 문신을 새겨 영혼이 육체에서 떠나도록 한다는 믿음이 반영된 글자다. 儿(인)은 사람의 두 발을 상형한 것으로 주로 자형의 하부에 놓인다. 사람을 뜻하는 人(인)은 놓이는 위치에 따라 좌측 변에 놓일 때는 '亻', 우측 변에는 '匕', 그리고 단독으로 쓰일 때는 '人'으로 쓴다. 이에 따라 흉(兇)은 숨을 거둔 죽은 사람(儿)의 가슴부위(凶)에 문신을 새긴다는 데서 '흉하다'는 뜻을 지니게 되었다.

夊(치)는 발의 모양을 상형한 발 止(지)를 뒤집어놓은 것으로 갑골문에서는 천천히 걸을 쇠(夊)와 뒤져서 올 치(夊)가 구분되지는 않으나 대체적으로 '뒤처져 온다'는 내용을 담고 있다. 이에 따라 종(鬵)은 죽은 사람의 가슴부위에 문신(兇)을 새기기 위해 다리를 천천히 걸을 때처럼(夊) 오므린다는 데서 '오므리다' '웅크리다'는 뜻을 부여했다.

따라서 **가마솥 鬵(종)**의 전체적인 의미는 사람을 삶아 죽이는 팽형(烹刑)을 집행할 때 쓰이다 후대로 오면서 돼지나 개와 같은 비교적 큰 동물을 삶는 용도의 '가마솥'을 뜻하게 되었다.

가마솥 鼐(내)는 이에 내(乃)와 솥 정(鼎)으로 짜여 있다. 乃(내)는 대화 중에 말을 잇기가 어려울 때 '이에'와 같이 뜸을 들이며 뒷말을 이어주는 조사역할을 하지만, 여기서는 솥의 내용물이 끓어 익을 때 김이 솥뚜껑 사이로 빠져나가는 모양을 그리고 있다. 鼎(정)에 대해 한나라의 문자학자 허신은 "세 개의 발과 두 귀가 달린 것으로 다섯 가지 맛을 조화롭게 하는 보배로운 그릇을 말한다. 나무를 쪼개서 불을 때는 모양을 본떴다."라고 하였다.

갑골문이나 금문에도 세 개의 발과 두 귀가 달린 솥의 형태로 그려져 있는데, 그 용도는 주로 조상신이나 천제를 지낼 때 사용하는 제기(祭器)라 할 수 있다. 가마솥 鼐(내)는 하늘이나 조상신에게 제사를 지내기 위해 제물을 솥(鼎)에 삶을 때 김이 솥뚜껑 사이로 빠져나가는 모양(乃)을 회화적으로 그려낸 것이라 할 수 있다.

가마솥 鉹(의)는 앞서 설명한 쇠 금(金)과 지탱할 지(支)로 이루어졌다. 支(지)는 대나무 가지(个)를 손(又)에 쥐고 있는 모양을 본뜬 것으로 본뜻은 '가지'이며, 나무줄기에서 갈라져 나왔기에 '갈라지다'는 의미도 파생되었다. 또한 손에 나뭇가지를 쥐고서 지팡이 삼으니 '지탱하다' '괴다'는 뜻도 함께 지니고 있다. 따라서 **가마솥 鈘(의)**의 전체적인 의미는 청동이나 무쇠(金)로 된 솥을 지탱하다(支)는 데서 '가마솥'이라는 뜻을 지니게 되었다.

09

난방을 위한 온돌문화는 동이족만의 독특한 생활양식

온돌溫堗

*
*
*

비교적 추운 북동쪽에 위치했던 단군조선의 대표민족이었던 동이족東夷族은 난방문화를 선도했다. 온돌방인 구들문화가 대표적이다. 첨단문명으로 치닫고 있는 요즘도 예외가 아니다. 아파트 일색인 현대 건축물에도 온수파이프 방식으로 이를 응용하여 따스한 온돌문화를 재현하고 있기 때문이다.

이러한 유구한 문화적 양식은 한족漢族으로 대표되는 중원지방에서는 찾아볼 수 없는 난방방식이다. 문화적 차이를 인정하는 것이 또한 대국의 품격이지만, 요즘 중국은 문화나

▲ 서울 경복궁 향원정의 독특한 온돌구조. 아궁이와 연기가 지나는 통로인 고래, 연기가 머무는 윗목의 개자리, 연기가 빠져나가는 배연구 등이 보인다(출처: 최재구 연합뉴스).

역사에 있어서도 그 차이나 다름을 인정하지 않고 자국의 영역으로 확장·복속하려는 야욕을 다방면에서 드러내고 있다. 한복은 물론 김치도 예외는 아니다.

그러나 역사의 흔적은 유적이나 유물에 남기 마련인데, 중원지방에서는 찾아보기 힘든 게 바로 이 온돌문화 관련 유적이다. 하지만 동이족이 거주했던 만리장성 이북의 옛 조선(고조선: 이성계가 세운 조선과 구분하기 위해 고조선이라 함)과 고구려 영토에선 숱하게 발견되는 게 온돌관련 유적이나 유물이다.

이 구들과 관련한 글자들도 여럿 있다. 대표적인 글자가 구들 堗돌이다. 여기에 구들의 제작에 꼭 필요한 자재들인 돌石·흙土·불火·산山 부수에 돌犮자를 붙이면 모두가 구들을 뜻하는 '구들 돌'자로 발음한다. 수렵민족이었던 동이족의 흔적이 담긴 개 견犬이 꼭 들어가는 특징을 보인다. 글자 제작 당시의 문화적 행태가 그대로 담기는 게 한자만의 특징이기도 하다.

따뜻할 溫(온)의 구성은 물 수(氵)와 가둘 囚(수), 그리고 그릇 명(皿)으로 짜여 있다. 溫(온)의 본래모양이 그려진 갑골문을 살펴보면 욕조(皿)와 같은 곳에서 따뜻한 물에 사람(人)이 목욕을 하는 모습을 본뜬 것이었는데, 일부에서는 옥에 갇힌 죄수(囚)에게 따뜻한 먹을 것을 그릇(皿)에 담아주었기에 '따뜻한'이라는 뜻을 지니게 되었다고 주장하기도 한다. 따라서 전체적인 의미는 따뜻한 물(氵)을 담은 욕조(皿)에서 사람(人)이 물을 끼얹으며(口) 목욕을 하는 모습을 그려낸 것으로 '따뜻하다'는 뜻을 지니게 되었으며, '익히다' '학

습하다'는 뜻도 파생하였다.

구들 혹은 굴뚝 埃(돌)은 흙 토(土)와 갑자기 돌(突)로 구성되었다. 土(토)는 갑골문에는 흙무더기를 쌓아 놓은 모습이나 일부에서는 땅(一)에 초목(十)이 나는 모습을 본뜬 글자라고도 한다. 突(돌)은 혈거생활 때의 출입구를 본뜬 구멍 혈(穴)과 개의 모습을 그려낸 개 견(犬)으로 구성되었는데, 그 뜻은 사람이 나와야 할 문(穴)에서 갑자기 개(犬)가 튀어나오는 돌발 상황을 그려낸 글자이다. 여기서 突(돌)이 소리 요소이기는 하지만 그 뜻이 전혀 없는 것은 아니다. 따라서 전체적인 의미는 흙(土)을 짓이겨 돌과 함께 쌓아올린 것으로 개(犬)가 드나드는 굴(穴)과 같이 만든 '구들' '굴뚝'이라는 뜻이 담겨 있다.

온돌방溫埃房이란 동이족만의 독특한 생활문화 양식으로 구들장을 놓아 따뜻하게 온도를 유지할 수 있는 방을 말한다. 우리 전통문화는 많은 사람들의 지혜가 담긴 소중한 유산遺産이다. 이 가운데 온돌문화 역시 조상들의 슬기로움이 담뿍 배인 것으로 다시금 황토방 등으로 거듭나고 있어 다소 위안이 되기는 한다.

온돌방을 유지하기 위해서는 아궁이가 필수적인데, 그

양태를 그려낸 글자가 바로 **부뚜막 爨·爨(찬)**이다. 자형에 그려진 대로 땔나무(木)를 통해 불(火)을 지핀다는 내용이 그대로 담겨 있다. 그러다 보니 우리네 산은 불과 몇십여 년 전까지만 해도 민둥산이나 다름없었다. 밥 짓고 난방을 위해선 땔나무 감으로 산과 들에서 자란 초목을 어쩔 수 없이 베어냈기 때문이다. 그러다 연탄과 석유, 도시가스의 보급으로 인해 우리의 산하는 요즘과 같은 푸르고 울창한 숲을 이루게 되었다.

온돌溫堗이란 부뚜막에 설치한 가마솥 등을 땔나무로 불을 지펴 방바닥의 구들(堗)을 따뜻하게(溫) 데워주는 한민족의 난방방식이다.

4부

고조선의 의식衣食문화

01

한민족은 왜 흰옷을 즐겨 입었을까

백의민족白衣民族

⊛
●
●

　예부터 우리 민족이 흰옷을 즐겨 입은 것은, 호흡을 통해
대자연과의 깊은 교감을 위해서이다. 우리의 풍속이 단절되
어서 그렇지 고대부터 우리 민족은 심신을 단련하는 선도의
식이 아주 강렬했다. 신라시대 최치원857년~?이 지은 난랑비
서문鸞郎碑序文에서 "우리나라에 현묘한 도가 있으니 말하기
를 풍류라 한다. 가르침의 연원은 선사仙史에 소상하게 갖추
어져 있으며, 이는 실로 유불선 삼교를 포함한 것으로 많은
사람들을 교화시키고 있다[國有玄妙之道국유현묘지도 日風流
왈풍류. 說敎之源설교지원 備詳仙史비상선사. 實乃包含三敎실내

▲ 조선시대 선비들의 일상 의복 모습(출처: 광주 연합뉴스)

포함삼교 **接化群生**[접화군생]"고 하였다. 이러한 사실만으로도 선도의 일종인 풍류도가 고대부터 널리 행해졌음을 알 수 있다.

이러한 심신수련을 하는 데 있어 호흡법은 주요한 수단이 되어오고 있다. 동서양 공히 호흡법은 사람 숫자만큼이나 다양성을 드러낸다. 그래서 수련 입문자들이 가장 혼란스러워하는 것이 바로 호흡법이다. 어느 사람은 이렇게 하라 하고, 또 어떤 책에는 저렇게 하라는 등 일관성이 없어 보인다.

그러나 그게 맞다. 왜냐면 수련자 개개인이 자신의 호흡을 관찰해서 얻은 체득의 산물이기 때문이다. 그래서 알아두어야 할 게 있다. 호흡은 현재 몸의 상태를 말해주는 '잣대'라는 점이다.

'호흡만큼 자신의 현재 몸 상태를 잘 반영하는 것도 없다'는 점을 고려하여 자신의 호흡을 제대로 관찰해보면, 답은 거기에 있다. 그래서 호흡의 기준점을 자신의 몸에서 찾아야지 다른 이가 주장하는 것을 무작정 따라 하다가는 다치는 수가 있다. 호흡은 하루에도 수시로 변한다.

자신에게 가장 잘 맞는 호흡법은 어떻게 찾을 수 있을까? 최대한 편안한 상태로 누워서 자신의 들숨과 날숨을 지켜보면 마냥 같지 않음을 알 수 있을 것이다. 간단히 말해 들숨이 길다는 것은 에너지가 부족하다는 것이고, 날숨이 길다는 것은 에너지가 과잉현상을 일으켜 몸이 흥분되어 있다는 뜻이다.

가늘고 길게 '거북이 호흡법' 장수 비결

따라서 인위적으로 호흡을 조절할 게 아니라 고요히 지켜보는 것만으로도 유익하다. 처음에는 들숨과 날숨이 거칠어도 몸과 마음을 고요히 하고 지켜보다 보면 어느새 자신의 호흡 역시 편안해지면서 가늘고 길어진다.

　이러한 다양한 호흡법은 어디까지나 수단일 뿐 그 자체가 수련의 목적은 아니다. 어디까지나 우리 몸의 주인인 마음이 깨어있음을 알아차리기 위한 방편인 것이다. 마음이 고요해지면 자연스럽게 몸을 통한 호흡 또한 고요해지기 마련이다. 그런 점에서 호흡은 인위적으로 조종할 게 아니라 그저 일관된 마음으로 들고 나는 숨길을 바라보는 것만으로도 충분하다.

　생명력 유지에 필수적인 호흡법은 거북이를 닮을 것을 권유한다. 장수 동물 중에서도 가장 오래 사는 것으로 알려진 거북이의 가장 큰 특징을 호흡에 있다고 파악한 것이다. 호흡을 하는지도 알 수 없을 만큼 가늘고 길게 하는 것으로 알려진 거북이. 수련인들이 닮고자 하는 호흡의 대표주자이다.

　그렇다면 동이족은 왜 흰옷을 숭상하며 백의白衣를 즐겨 입었을까? 곰곰이 생각해 보면 의미심장한 속내를 엿볼 수 있다. 동양철학의 핵심이자 2천 년 넘게 많은 사람들에게 계통적 사유체계를 제공하고 있는 오행사상에서 그 근거를 찾아볼 수 있다.

　흰색은 오행五行=木·火·土·金·水 중 금金과 관련이 깊다.

오행사상에서 금은 인체의 오장육부 중에서 폐와 대장을 의미하며, 그 색상은 흰색의 속성을 지닌다고 본다. 폐와 대장은 인체의 생리기능 중에 호흡과 밀접한 관련이 있다. 폐는 인체의 상부에서 코를 통한 호흡을 주관하고, 대장은 배꼽을 중심으로 한 복부 전체를 휘감아 돌며 복식호흡, 즉 살갗을 통한 피부호흡을 주도한다.

또한 금의 속성은 전자기력과 호응관계가 깊다. 하나하나 살펴보자. 먼저 불가에서 말하는 진공묘유眞空妙有의 속뜻은 '이 우주가 텅 빈 것 같지만 실제로는 보이지도, 들을 수도, 잡을 수도 없는 어떤 미묘한 것들로 충만하다'는 것으로, '텅 빈 충만'을 의미한다.

현대 물리학에서는 이 미묘한 것으로 가득 찬 우주의 기본적인 성향을 전자기력電磁氣力으로 규정하고 있다. 물질구성의 최소단위라 할 수 있는 소립자는 전자·양성자·중성자의 세 요소로 이루어져 있는데, 더 미분하면 곧 미물질未物質적인 파동의 성향을 보인다는 것이다. 그 파동은 곧 전자기적인 성질을 띠고 있다고 본다.

다시 말하면 우리 주변의 텅 빈 공간 속에는 무궁무진한 전자기적 성향을 띠는 파동의 에너지 입자들이 가득 차 있다는 것이다. 그 파동의 입자들은 기氣적인 에너지뿐만 아니라 우주의 수많은 정보를 담고 있다. 우리는 폐호흡과 피부호흡을 통해 이 무형의 에너지와 정보를 받아들여 활용하게 되는데, 이 작용이 바로 금에 해당하는 폐와 대장을 통해서 이루어진다.

흰옷 폐기능 활성화에 도움, 수행자들 하얀 도포 즐겨

달리 말하면, 우리는 호흡을 통해 공간에 무수히 유동하고 있는 자기입자磁氣粒子를 받아들이는 것이다. 호흡을 주관하는 폐는 오행 중의 쇠의 속성을 지닌 금金에 배당된다. 자기성은 유독 쇠에 잘 흡착되어 흐르는 특성을 가지고 있다.

일반적으로 적혈구의 헤모글로빈에는 철을 포함한 포르피린고리와 단백질의 일종 글로빈을 포함한 헴heme이라는 구조 4개가 모여 이루어진다. 이에 따라 폐를 통해 유입된 자기력이 적혈구의 헤모글로빈에 담겨져서 70조 개에 이르는 우리 몸의 각 세포에 에너지원으로 공급되는 것이다.

오행에서의 금金은 색상으로 흰색인데, 바로 하얀색의 옷을 입었을 때 폐의 기능을 활성화시킨다고 한다. 그런 이유로 영적 수행을 하는 수도자들이나 선도仙道를 닦는 도사들은 하얀 도포자락을 즐겨 입는다. 즉 영적인 기운과 정보를 얻으려는 사람들은 이 공간 속의 무한 에너지와 정보를 얻는 데 백의白衣를 활용하였던 것이다.

　　백의민족白衣民族이란 영성수련에 있어 탁월한 전통을 이어온 우리 민족이 수련 시는 물론 일상에서도 흰옷白衣을 즐겨 입으며 대자연과의 교감을 알게 모르게 행해온 사람들임을 의미한다.

02

선도의식이 강했던 동이족만의 흰 저고리와 검정 치마

의상衣裳

⊙
∙
∙
∙

　두한족열頭寒足熱이란 말이 있다. 쉽게 말해 '머리는 시원하게 하고 손발은 따뜻하게 하라'는 신체건강을 위한 깊은 속내가 담겨 있다. 일상생활을 하다보면 자칫 감정에 휘말려 열 받기 쉬운 머리를 시원하게 해주고 이와는 반대로 혈액순환의 부진으로 인해 손발이 차가워짐을 예방하기 위한 수단이다. 이를 예방하기 위한 수단으로 우리 선조들은 흰 저고리를 입어 상체의 열기를 내려주었고 자칫 차가워지기 쉬운 하체는 검정 치마로 따뜻하게 해주었다. 이를 오늘날에도 실천하고 있는 이들이 원불교의 여성 교무님들이다.

▲ 대종사의 유골이 안치된 성탑에서 기도를 하고 있는 원불교 정녀들의 한복 의상(출처: 익산 연합뉴스)

그러나 다변화하는 시대를 사는 우리는 유니폼과 같이 획일화된 색상만을 고집하기는 쉽지 않다. 색깔은 시각적으로 우리에게 다양한 이미지를 줄 뿐만 아니라 신체에 적지 않은 영향을 준다. 그래서 동양의학에서는 우리 인체의 생명력을 이끄는 오장육부에 오행五行적 색상을 부여해 왔다. 심장은 빨강, 비장은 노랑, 폐는 흰색, 신장은 검은색, 간은 청색이 그것이다. 색상의 파동을 건강 유지에 결합한 것이다.

우리 문화에도 그 흔적이 적지 않다. 아이들에게 입히는 색동저고리가 대표적이다. 색깔의 파동 에너지를 조화롭게 하기 위해 일곱 색깔에 가까운 색동옷을 입혔던 것이다. 색동옷을 입은 어린아이들의 표정은 순진무구하다. 인디언이나 세계 소수민족의 표정을 보더라도 인간 본연의 순박함을 지니고 있다. 이는 곧 색의 조화 역시 소우주인 인체에 많은 영향을 미치고 있다는 증거이다. 우리 전통의 한복은 저고리衣와 치마裳의 형태로 상하가 구분되었다. 먼저 저고리를 뜻하는 옷 衣의를 살펴보자.

옷 衣(의)자는 사람의 목을 중심으로 옷깃이 좌우로 나뉜 모양을 상형한 윗저고리 옷을 말한다. 衣(의)에 대해『설문』에서는 "衣는 의지한다는 뜻이다. 윗옷을 衣(의)라 하고 아래옷은 常(상)이라 하며, 두 명의 사람을 뒤덮은 모양을 본떴다"라고 하였다. 그러나 갑골문에 새겨진 모양은 두 사람이 아니라 목을 중심으로 옷깃이 좌우로 나뉜 모양으로 그려져 있어, 상체에 입는 옷을 말한다. 특히 글자 우측 부분은 아기를 안은 어머니가 갓난아이에게 젖을 물리면서 춥지 않도록 덮어주면서 어머니의 심장박동을 느낄 수 있도록 좌측 가슴에 젖을 물리려고 그 깃이 오른쪽에 비해 좀 넓게 지어져 있다. 우리 한복이 그렇다.

치마 상(裳)의 구성은 높일 상(尙)과 앞서 살펴본 옷(衣)으로 짜여 있다. 尙(상)은 여덟 팔(八)과 향할 향(向)으로 이루어졌는데, 向(향)은 벽면을 길게 늘어뜨린 모습과 지붕을 본뜬 집 면(宀)과 집의 입구를 뜻하는 입 구(口)로 구성되었다. 고대 마을의 가옥구조는 중앙의 광장이나 신전을 중심으로 외곽에 배치되어 있는데, 집(宀)의 입구(口)가 모두 중앙의 신전이나 특정 건물을 향하고 있는 것을 볼 수 있다. 그래서 '향하다'라는 뜻과 함께 방향을 나타낼 때 주로 쓰인다.

이에 따라 尙(상)의 의미는 집(向) 중에서도 신전과 같은 특별한 건물은 일반 가옥과는 달리 지붕 위에 깃발(八)과 같은 표식을 하여 모든 사람이 신성하게 '받들어 모신다'는 뜻이 담겨 있다. 본래는 항상 상(常)이 치마를 뜻하는 글자였으나 '늘' '항상'이라는 의미로 쓰이자 '치마 裳(상)'을 별도로 제작한 것이다.

여기에 집안을 나서 멀리 외출을 할 때는 옷자락이 무릎까지 내려오며, 소매·무·섶·깃 따위로 이루어진 옷을 입는데 바로 **두루마기**다. 이러한 속내는 멀 遠(원)자에 그대로 담겨 있다. 살펴보자. **멀 遠(원)**은 쉬엄쉬엄 갈 착(辶)과 옷 길 원

(袁)으로 구성되었다. 辶(착)은 또 다른 자형인 辵(착)과 같은 뜻을 지니고 있는데, 다닐 행(行)의 생략형인 彳(척)과 발의 상형인 止(지)로 짜여 길거리(行)를 걸어간다(止)는 뜻을 지니게 되었다.

袁(원)은 윗옷을 뜻하는 衣(의)와 둥근(ㅇ→口)목걸이를 의미하는 변형된 口로 짜여 있다. 외투와 같이 긴 옷을 뜻한다. 따라서 전체적인 의미는 평상복이 아닌 외투와 같은 정장(袁) 차림을 하고서 길을 나설(辶) 때는 가까운 곳이 아닌 집에서 멀리 떨어진 곳을 간다는 뜻이 담겨 있다.

의상衣裳이란 우리 인체의 상부를 감싸주기 위해 흰색의 저고리(衣)를 걸쳤고 자칫 냉기에 휩싸이기 쉬운 하체를 따스하게 보호하기 위해선 검정색의 바지나 치마(裳)를 입는 외양을 말한다.

03

밤의 정적을 깨는 가락이 되었던 시절의 풍속

다듬이질 소리

◦
◦
◦

우리 민족의 선조인 동이족의 주요한 옷감은 대마초의 껍질을 벗겨 잘게 째서 만든 마포麻布였다. 불과 30~40여 년 전만 해도 우리 농촌 마을들에선 대마인 삼을 재배했다. 요즘엔 안동 일대에서만 특구로 지정해 재배하고 있다. 삼의 잎이 마약으로 지정된 대마초의 주요한 재료가 되기 때문이다.

삼은 주요한 옷감으로 활용되었는데, 옷을 제작하는 일련의 과정을 노동요로 노래 불러 당시 여성들의 애환이 담긴 규방문학閨房文學으로 승화되기도 하였다. 즉 '물레노래' '베

▲ 다듬이돌(출처: 이종백 연합뉴스)

틀노래' '삼 삼기노래織麻歌' 등이 부녀자들이 길쌈할 때 부르던 노래로 당시 여성들의 희로애락의 감성이 담겼다. 가사의 내용은 지방에 따라 다르긴 하지만, 대체적으로 첫머리에선 꿈에서나 동경할 법한 달나라의 월궁月宮에 노니는 선녀를 부러워하고, 이어서 인간세계의 애락을 읊은 것들이다.

예를 들어 '베틀노래'의 첫머리에선 "바람은 솔솔 부는 날, 구름은 둥실 뜨는 날, 월궁에 노던 선녀, 옥황玉皇님께 죄를 짓고…", 또 다른 남해지방의 '길쌈노래'의 서두는 "강남달 강수자는, 글씨 좋아 소문나고, 강남달 강처사는, 인물 좋아 소문나고…"로 되어 있다.

삼의 용도는 마麻 자에 잘 드러나 있다.

삼 麻(마)는 집 엄(广)과 삼실 패(朮)로 구성되었다. 广(엄)은 사방을 벽으로 감싼 집(宀)과는 달리 한쪽 벽만을 쌓아 올린 개방형 건물을 뜻해 많은 사람이 드나드는 창고나 관청 같은 건물의 용도를 말한다. 패(朮)는 두 개의 삼 줄기 껍질 빈(朩)으로 구성되었는데, 朩(빈)은 나무 木(목)과는 그 내원이 다르다. 즉 대마(大麻)라는 삼(屮)껍질을 쪼개서(八) 잘게 짼 삼실을 뜻한다. 따라서 麻(마)의 전체적인 의미는 개방형 건물과 같은 창고(广)에 삼 껍질을 벗겨 잘게 째 한데 묶어 걸어둔 삼실(朮)이라는 데서 '삼'을 뜻하기도 하였으며, 또한 대마초의 원료라는 점에서 '마비시키다'의 뜻도 지니고 있다.

이렇게 가느다랗게 짼 삼실은 베틀을 이용하여 옷감의 바탕이 될 삼베를 위해 길쌈질을 통해 일정한 너비로 짠다.

이러한 행위를 담은 글자로는 길쌈할 績(적)이 대표적이다.

길쌈할 績(적)의 구성은 실타래 모양을 상형한 가는 실 사(糸)와 꾸짖을 책(責)으로 이루어졌다. 責(책)의 자형상부 '主'모양은 본디 초목에 돋아난 가시를 뜻하는 束(자)가 변한 것이다. 貝(패)는 조개의 모양을 본뜬 상형글자이다. 고대에는 조개를 화폐로 활용했는데, 여느 바다나 강에서 쉽게 구할 수 있는 일반적인 조개가 아니라 남중국해나 인도양 등지에서 나는 희귀하고 아름다운 아주 단단한 것이었다. 갑골문의 자형은 두 쪽으로 벌려진 조개의 모습이었으나 금문으로 오면서 두 개의 촉수를 내민 현재의 글자모양을 갖추게 되었다.

이 貝(패)가 다른 부수에 더해지면 대부분 재화와 관련한 뜻을 지니게 된다. 이에 따라 責(책)의 의미는 꾸어간 돈(貝)을 갚으라고 채찍 같은 것을 동원하여 독촉(束)한다는 데서 '꾸짖다' '조르다' '책임을 지우다' 등의 뜻이 발생했다. 따라서 績(적)의 전체적인 의미는 실(糸)을 뽑아 베를 짜는 일은 여간 어렵고 힘든 일이 아니라서 독촉하거나 책임(責)을 지우지 않으면 안 된다는 뜻을 담아 '길쌈하다'를 본뜻으로 하고, 베를 짠 노고를 기려 '공적'이란 뜻도 발생하였다. 길쌈질은 부녀자들이 주로 하였는데, 이때의 희로애락을 풀어낸 노랫가락이 입에서 입으로 전해오다 조선시대에는 규방문학으로 정착하기도 하였다. 바로 '물레노래' '베틀가' '삼 삼기 노래' 등이다.

　　베 布(포)의 구성은 사람의 두 손 중에서도 왼손을 뜻하는 좌(屮)의 변형과 수건 건(巾)으로 이루어졌다. 巾(건)은 허리에 차고 있는 넓은 천으로 만든 '수건'을 본떴다. 옛날 의복에는 오늘날과 같이 호주머니가 없었으므로 노동을 할 때 허리춤에 묶어두고(佩) 흐르는 땀을 닦아내기도 했으며, 오늘날과 같이 바지가 일반화되기 이전에는 남자도 치마 형태의 의복을 착용하였다.

　　말을 타기에 용이한 바지는 유목민들이 주로 착용한 것으로 춘추전국시대 이후에야 남자들에게 일반화되었다. 이에 따라 布(포)는 넓은 천으로 만든 수건(巾)과 같은 천을 손(屮)으로 펼치고 있는 모양을 그려내 '베' '넓게 펼치다'를 뜻하며, 이러한 '베'는 공물로 바칠 수 있는 물건이기에 '조세' '돈'이란 뜻으로도 확장되었다.

　　삼베로 지은 옷은 질기기도 하면서 거칠고 잘 구겨져 다듬이질을 하지 않으면 입기기가 쉽지 않았다. 그래서 집집마다 다듬잇돌이 있었고, 이와 관련한 대표적인 글자로 다듬잇돌 천(碇) 자가 있다.

다듬잇돌 천(碇)의 구성은 돌 석(石)과 끌 연(延)으로 짜였다. 石(석)은 산기슭 엄(厂)과 돌덩이를 뜻하는 口(구)모양으로 이루어졌다. 즉 언덕이나 산기슭(厂) 아래에 굴러다니는 돌덩이(口)의 모양을 본떠 '돌'을 그려냈다. 延(연)은 길게 걸을 인(廴)과 삐침 별(丿), 그리고 발지(止)로 짜여 있다. 廴(인)은 사람이 걷는다는 의미로 보다는 사물의 동태적 상황을 나타내는 데 주로 활용되고 있다. 여기서 丿(별)은 止(지) 자 위에 놓여 발의 앞부리를 강조하고 있다.

止(지)의 갑골문을 보면 자형 우측의 옆으로 뻗는 모양(-)은 앞으로 향한 엄지발가락이며 중앙의 세로(丨)와 좌측의 작은 세로(丨)는 각각 발등과 나머지 발가락을, 자형 하부의 가로(一)는 발뒤꿈치를 나타내며 앞으로 향한 좌측 발의 모습을 그려내고 있다. 그래서 연(延)에는 유별나게(丿)도 발걸음(止)을 느릿느릿 길게 걷는다(廴)는 데서 '늘이다' '끌다'는 뜻을 갖게 되었다. 따라서 천(碇) 자의 전체적인 의미는 삼베나 무명으로 지은 옷감을 반듯하게 펼치거나 늘이려(延)는 잘 다듬어진 돌(石)이라는 데서 '다듬잇돌'을 뜻하게 되었다.

다듬이질 소리란 옛 조상님들이 즐겨 입었던 하얀 삼베 옷을 가지런하게 하기 위해 다듬잇돌 위에 옷을 올려놓고 방망이를 두드리는 소리를 말한다.

04

우리 민족만큼 애용하는 사람들이 있을까

쑥과 마늘艾蒜

●
●
●

고려시대의 일연스님이 저술한 『삼국유사三國遺事』「고
조선古朝鮮 왕검조선王儉朝鮮」편에 보면 "옛날 환인桓因의 서
자 환웅桓雄이 무리 3,000명을 거느리고서 태백산의 꼭대기
신단수神檀樹 아래로 내려와 정착했는데, 이곳을 신시神市라
했으며, 이분을 일러 환웅천왕이라 했다. 환웅천왕은 바람을
관장하는 풍백風伯과 비를 다스리는 우사雨師와 구름을 담당
하는 운사雲師를 거느리고서, 곡식·생명·질병·형벌·선악 등
인간세상의 360여 가지 일을 주관하였고 세상을 다스리며
교화했다.

▲ 쑥 마늘, 곰과 호랑이, 환웅천왕의 모습을 형상화한 이미지(출처: 홍소영 제작 일러스트)

그 당시 곰 한 마리와 호랑이 한 마리가 같은 동굴에서 살고 있었는데, 늘 환웅에게 사람이 되게 해달라고 애원했다. 이에 환웅천왕이 신령스러운 쑥 한 다발과 마늘 스무 개를 주면서 말했다.

'너희가 이것을 먹으면서 백일동안 햇빛을 보지 않으면 사람의 형상을 얻을 수 있을 것이야.'

곰과 호랑이는 쑥과 마늘을 먹으면서 삼칠일동안 금기를 했는데, 잘 지킨 곰은 여성의 몸이 되었지만 금기를 지키지 못한 호랑이는 사람의 몸이 되지 못했다."는 내용이다. 곰과 호랑이는 각각 당시 곰과 호랑이를 토템으로 삼은 웅족熊族과 호족虎族을 말한다고 볼 수 있다.

이와 관련이 있는지 우리 민족은 아직도 쑥을 재료로 활용한 쑥국·쑥버무리·쑥떡·쑥전·쑥 개떡 등과 같은 다양한 요리를 즐길 뿐만 아니라 마늘은 거의 모든 요리에 첨가되는 부재료로 쓰고 있다. 우리는 쑥과 마늘의 민족인 것이다.

쑥 艾(애)의 구성은 풀 초(艹)와 벨 예(乂)로 이루어졌다. 艹(초)는 풀 艸(초)의 간략형으로 무성하게 돋아난 풀을 뜻하는데, 두 개의 싹날 屮(철)로 구성되었다. 艹(초)가 다른 자형에 더해지면 초목과 관련한 뜻을 지니게 된다. 艸(초)에 대해 허신은 "艸는 모든 풀을 의미하며 두 개의 屮(초목의 싹)로 짜여 있다."고 하였다. 나아가 屮(풀 철)이 세 개인 것은 보다 간소하게 '풀 훼(卉)'로 하였고, 屮(풀)이 네 개인 것은 '잡풀 우거질 망(茻)'으로 하였는데, 대부분의 자형에서 글자의 상부에 놓일 때는 艹(초)로 약칭되었다.

乂(예)는 낫을 이용하여 풀을 좌우로 베는 모양을 그려낸 자형으로 은유적으로 풀을 베는 행위는 곧 '다스림'을 뜻하기도 했다. 이에 따라 낫을 좌우로 움직여 풀(艹)을 베는

(乂) 행위 곧 민초民草를 '다스리다'는 뜻으로 뿐만 아니라 온 들판 곳곳에 수북하게 잘 자라나는 풀(艹)인 쑥은 낫과 같은 도구를 이용하여 베어야(乂) 한다는 의미가 담겨 있다.

쑥을 뜻하는 글자는 艾(애)외에도 쑥 蓬(봉), 쑥 蒿(호), 쑥 莪(아) 등이 있다.

마늘 蒜(산)은 앞서 살펴본 풀 艸(초)의 간략형인 艹(초)와 셀 祘(산)으로 짜여 있다. 祘(산)은 두 개의 보일 示(시)를 겹쳐 썼는데, 示(시)는 하늘과 땅 혹은 조상신에게 제사를 지내기 위해 제물(一)을 올려놓은 제단(一+小)을 본뜬 것이다. 그래서 신성한 신에게 정성을 드러내 '보이다'라는 의미였으나 후대로 내려오며 '보일 시' 외에도 '땅 귀신 기'와 '둘 치'로 그 뜻이 확장되었다. 따라서 이 示(시)자가 들어가는 글자는 '귀신' 혹은 '신령하다'는 의미를 담게 된다. 그런데 이러한 제물들을 올린 제단이 겹쳐(祘) 있으니 제사의 진행자인 제주는 제물이 제대로 올라갔는지 잘 헤아려 세어 보아야 한다는 데서 '셈하다' '계산하다'는 의미를 부여했다.

이러한 사실은 **살필 察(찰)**을 뜯어보면 명확해진다. 察(찰)은 집 면(宀)과 제사 제(祭)로 짜여 있다. 여기서 집(宀)은 선영의 위패를 모시는 사당을 의미한다. 祭자는 고기 육(肉=

月)과 오른손을 의미하는 또 우(又), 그리고 제물을 올려놓은 제단을 뜻하는 보일 시(示)로 구성되어 있다. 따라서 察자의 전체적인 뜻은 사당(宀)에서 제사를 지낼 때는 몸을 목욕재계한 후 깨끗한 손(又)으로 제물(肉)을 제단(示)에 올리는데, 제주는 올린 제물에 잡스런 것들이 끼어들지는 않았는지 잘 살펴보아야 한다는 의미를 담고 있다. 이에 따라 蒜(산)의 전체적인 의미는 한 묶음이나 한 접 등으로 헤아리기(祘) 쉽게 분류하는 초목(艹)이라는 데서 '마늘' '달래'와 같은 뜻을 부여했다.

애산艾蒜은 쑥과 마늘이란 뜻으로 예나 지금이나 우리 민족이 즐겨 먹는 식재료의 일종이다.

05

전 세계 인삼 중 약성이나 성분함량은 한반도 것이 최고

고려인삼高麗人蔘

한반도의 뛰어난 정기를 그대로 담아낸 식물 중의 대표적인 것이 인삼이다. 고려인삼高麗人蔘은 중국이나 일본에서는 높은 값을 치르고서라도 구하고자 하였다. 고대 우리나라를 대표하는 거래품목이 바로 인삼이었던 것이다. 특히 개성지방을 중심으로 한 이 약재는 '개성인삼' 혹은 '고려인삼'으로 명성을 떨쳤다.

특히 한나라 말기에 '신농본초경'을 기초로 하여 완간된 『명의별록名醫別錄』에는 "인삼은 백제의 것을 중하게 여기고 다음으로는 고구려 요동의 것을 쓰는데 고구려의 것은 백제

▲ 뛰어난 약성을 지닌 것으로 알려진 고려인삼(출처: 연합뉴스)

의 인삼보다는 못하다.”고 했다. 그래서 남북으로 분단이 된 요즘에는 금산이나 풍기 산이 그 유명세를 떨치고 있다.

우리나라의 수많은 예지자들은 물론 명나라의 지리학자 주장춘은 한반도에선 1만2천의 도통군자가 나타난다고 할 만큼 지리적으로 지기地氣가 뛰어남을 강조한 바 있다. 그 결정적인 산물이 바로 인삼이라 할 수 있다.

윌리엄 그리피스는 『은자의 나라 한국The Hermit Nation

Corea』에서 "중국에서는 인삼을 같은 무게의 금과 맞바꾸었으며 은과 바꿀 경우는 무게당 7배의 값을 받았다."고 했고, 이사벨라 버드 비숍은『조선과 그 이웃 나라들Korea and Her Neighbours』에서 "파낙스 진생Panax Ginseng 또는 퀸키폴리아Quinquefolia라는 이름이 암시하듯 인삼은 그야말로 '만병통치약'이다. 영국 약전에 있는 어떤 약도 극동에서의 인삼의 평판을 따라잡을 수 없다."고 까지 했다. 한중일 사이에서 조선은 인삼을 매개로 무역을 했다. 조선 상인들이 인삼을 일본에 수출해 받은 은으로 중국에서 비단을 사 이득을 남겼다는 것이다.

여기에 고려인삼은 중국이나 일본은 물론 멀리 미국 등지에서 생산되는 것보다도 뛰어난 약성을 지녀, 예나 지금이나 한반도에서 자란 인삼이 각광을 받았고 요즘도 그 유명세를 국제적으로 떨치고 있다. 생삼인 수삼의 영양소를 잘 보존하여 섭취하도록 홍삼紅蔘이나 흑삼黑蔘으로 가공하여 지구촌 곳곳에 그 효용을 알리고 있다.

높을 高(고)는 성(城)의 망루를 본뜬 상형글자다. 즉 高(고)자를 보다 자세히 살펴보면 출입구(口)를 갖춘 성곽(冂) 위에 높이 지어진 망루(자형상부의 亠+口)를 상형한 것으로 높이 치솟은 모양에서 '높다' '뽐내다'의 뜻을 지니게 되었으며, '비싸다' '뛰어나다' 등은 파생된 뜻이다.

고울 麗(려)는 고울 려(丽)와 사슴 녹(鹿)으로 구성되었다. 丽(려)는 수사슴의 머리에 난 아름다운 한 쌍의 뿔을 나타낸 것이다. 鹿(록)에 대해『설문』에서는 "鹿은 사슴과의 짐승을 말한다. 머리와 뿔, 네 다리의 모양을 본떴다. 새와 사슴은 다리가 서로 비슷하기 때문에 比(비)로 구성되었다."라고 하였다. 갑골문에도 보이는데, 아름다운 뿔의 모양이 보다 사실적으로 그려져 있다. 이에 따라 麗(려)의 의미는 수사슴(鹿)의 머리에 난 한 쌍의 뿔(丽)을 나타내 '곱다' '아름답다'는 뜻을 부여했다.

사람 人(인)은 서 있는 사람을 옆에서 바라본 모양을 본뜬 상형글자이다. 人(인)에 대해 허신은『설문』에서 "人은 하늘과 땅 사이의 생명 중에 가장 고귀한 것이다. 이 글자는 주문籀文으로 팔과 다리의 모양을 본뜬 것이다."고 하였다. 여기서 주문籀文이라 함은 열 가지의 서체의 하나로 주周나라 선왕宣王 때에, 태사太史였던 주籀라는 사람이 창작한 한자의 글씨체(字體)이다. 소전小篆의 전신으로 대전大篆이라고도 한다.

인삼 蔘(삼)의 구성은 풀 초(艹)와 간여할 참(參)으로 짜여있다. 艹(초)는 풀 艸(초)의 간략형으로 무성하게 돋아난 풀을 뜻하는데, 두 개의 싹날 屮(철)로 구성되었다. 艹(초)가 다른 자형에 더해지면 초목과 관련한 뜻을 지니게 된다. **參 (참, 석 삼)**의 구성은 밝을 정(晶)의 간략형인 '厶'모양과 머리 검을 진(人+彡)으로 이루어져 있다. 晶(정)에 대해 허신은 『설문』에서 "晶은 정미한 빛이라는 뜻이다. 세 개의 日(일)로 구성되었다."고 하였다.

갑골문에도 현재의 자형과 같은 모양으로 그려내고 있는데, 한자의 제작원리는 동일한 글자를 세 번 반복할 때는 대단히 많은 수를 의미한다. 따라서 태양이라기보다는 해처럼 빛나는 밤하늘의 수많은 별들을 뜻한다. 그러나 후대로 내려오면서 하늘에서는 오리온자리의 삼형제별을 뜻하고 땅에서는 수정을 뜻하게 되었다. 參(참)의 자형하부는 사람(人)의 밝게 빛나는 머리카락(彡)을 뜻한다.

따라서 參(참)의 의미는 사람(人)이 머리카락을 빛나게 (彡) 틀어 올리고 별빛처럼 반짝이는 비녀와 같은 장식물(厽 =晶)을 갖추고서 의식에 '참가하다'는 뜻을 지니게 되었다.

또한 오리온자리의 삼형제별(厽=晶)이 밝게 빛(彡)을 발하며 한정된 곳(人)으로 쏟아져 내린다는 데서 '셋'이라는 뜻도 지니게 되었다. 이에 따라 **인삼 蔘(삼)**의 전체적인 의미는 우주의 기운인 별빛의 신비로운 기운(參)을 받은 식물(艹)이라는 데서 '인삼'을 뜻하게 되었다.

고려인삼高麗人蔘이란 우리나라의 지기(地氣)를 그대로 반영한 고려(高麗)시대의 한 영토였던 개성지방에서 재배한 인삼(人蔘)을 말한다.

06

두만강 일대를 중심으로 한반도 전체와 만주일대에서 재배한

콩묘

●
●
●

식물성 단백질을 다량 함유한 콩은 고대 사람들은 물론 현대인들에게도 중요한 건강식으로 각광을 받고 있다. 그렇다면 이 콩의 원산지가 우리나라라는 사실을 알고 있는가? 이러한 사실은 고대 문헌은 물론 20세기 초 미국 '콩의 아버지'라 일컬어진 윌리엄 모스William J. Morse 1884년~1959년의 조사 기록에서도 엿볼 수 있다.

콩은 산이 많은 우리나라의 야생의 들콩덩굴콩으로부터 재배작물로 발달하였다. 콩의 원산지는 두만강 유역의 한반도 북부와 만주로 보는 것이 통설이다. 옛 문헌인 『관자管子』

에 따르면 2600여 년 전부터 한반도에서는 콩을 재배하고 장을 담가 먹었다고 한다. 춘추시대 제나라의 재상 관중關中이 쓴『관자』라는 책에는 '제나라 환공이 융숙戎叔을 가져와 온 천하에 퍼뜨렸다'는 말이 나온다. 여기서 융은 지금의 만주 심양 일대, 옛 고조선과 고구려의 터전을 지칭한다.

또한 6세기 전반 위진남북조 시대에 저술된 농업서적인『제민요술齊民要術』에도 고구려의 콩에 대해 언급하고 있다. 이 책에서는 대두의 종류를 네 가지로 분류하고 있는데, 황고려두·흑고려두·연두·비두 등이다. 이 가운데 대두라고 할 수 있는 콩은 고구려의 백태와 흑태뿐이다. 꼬투리가 날씬한 제비와 비슷하다 해서 이름 붙여진 연두는 관상용이고, 비두는 완두콩을 일컫는다.

미국에서 '콩의 아버지'라 불리며 동양의 콩을 조사해 간 윌리엄 모스의 기록에도 콩의 원산지는 한국이란 사실이 드러난다. 미국 농무부에 근무하던 그는 콩의 다양한 유전자원을 탐색하기 위해, '콩 원정대'를 조직해 1929년부터 2년여 동안 한국·일본·중국 등을 방문하여 총 4,576점의 콩을 수집하였다. 이 가운데 조선에서 수집한 콩은 불과 2개월여 만에 3,379점으로 73.8%, 일본에서는 579점으로 12.6%, 만주에서는 513점으로 11.2%, 중국에서는 110점으로 2.4%에 불

▲ 중국 지린성 훈춘시 두만강변의 전경(출처: 김대호 연합뉴스)

과했다.

　윌리엄 모스가 우리나라에 머문 2개월여 만의 기간에 수천 점의 콩 종자를 수집할 수 있었던 것은 지역마다 돌아가며 열리는 '오일장'의 역할이 컸을 것으로 추정된다. 그는 1907년부터 1949년까지 콩이 미국농업의 중심작물로 확장될 수 있도록 주도적인 역할을 담당하며 '미국 콩의 아버지'로 일컬어졌으며, 미국대두협회 회장을 3번이나 역임했을 정도였다.

　옛 문헌에서 살펴보았듯 두만강을 중심으로 한 고조선

과 고구려에서 재배한 콩이 최소 2000여 년 전에 중원의 땅으로 전해졌고, 또한 일본에까지 전해졌던 것이다.

콩 豆(두)는 뚜껑(-)을 덮어 따뜻한 국물을 담을 수 있는 발(ㅛ)이 달린 비교적 작은 그릇(口)을 본뜬 것으로 일반적으로 제기祭器를 의미한다. '콩'이란 의미는 콩이나 팥을 뜻하는 '좀콩 荅(답)'과 발음이 비슷한 데서 가차하여 쓴 것이며, 보다 그 뜻을 명확히 하기 위해 식물을 뜻하는 풀 초(艹)를 더해 '콩 荳(두)'를 별도로 제작하였다.

그러나 예부터 콩 두(豆)자는 '콩'이나 '제기'라는 뜻을 가진 글자였다. 豆자의 갑골문을 보면 제를 지낼 때 사용하던 제기 그릇이 그려져 있다. 콩은 우리 민족의 중요한 식재료였기에 조상신에 청수를 바치듯 제기 그릇에 주로 담아 놓았다. 이 때문에 豆자는 예부터 '콩'이라는 뜻으로 가차假借되었다. 그러나 豆자가 본래는 제기 그릇을 그린 것이기 때문에 다른 글자들과 결합할 때는 여전히 '제기'나 '제사'와 관련된 뜻을 전달한다. 다만 鼓(북 고)자처럼 일부 글자에서는 모양자 역할을 하는 때도 있다.

찰 滿(만)의 구성은 물 수(氵)와 평평할 만(㒼)으로 이루어졌다. 氵(수)는 물줄기가 갈라지고 합해지는 강을 본뜬 水 (수)를 간략히 세 개의 물방울로 표시한 것으로 자형의 좌변에 놓여 강이나 물의 뜻으로 쓰인다. 㒼(만)은 열 십(十)을 겹쳐 쓴 스물 입(廿)과 두 량(兩)으로 구성되었는데, 兩(량)은 두 마리의 말이 수레를 끌 때 목에 씌운 '멍에'를 나타낸 상형글자다. 이에 따라 㒼(만)은 전투에 앞서 일렬로 도열한 많은(廿) 수레를 이끄는 말의 멍에(兩)가 평평하게 보인다는 데서 '평평하다' '빈틈이 없다'는 뜻을 지니게 되었다. 따라서 滿(만)의 전체적인 의미는 전투에 앞서 너른 평원에 빈틈없이 도열한 전차(㒼)와 같이 물(氵)이 가득 찬 모양을 그려내 '가득 차다' '꽉 채우다'는 뜻을 부여하였다.

　　강 江(강)의 구성은 물줄기가 모이고 흩어지는 모양을 상형한 물 수(水)의 간략형인 수(氵)와 장인 공(工)으로 이루어졌다. 본디 장인들이 사용하는 공구를 상형한 工(공)자는 발음요소로 쓰였다는 게 일반적인 주장이다. 본래 江(강)자는 협곡이 많은 양자강揚子江의 물(氵)흐름 소리가 工(공) 자와 유사하다는 데서 '양자강'만을 뜻하는 고유명사였다. 河 (하)가 황하黃河의 본 이름이듯이 여기서도 可(가)가 소리요소로 쓰였다. 그러나 후대로 오면서 江河(강하)는 일반적으로 강이나 하천을 뜻하게 되었다.

두만강豆滿江이란 사람들에게 손쉽게 단백질을 공급해주는 콩(豆)을 가득(滿) 채워 실은 배들이 오가는 물길이란 의미를 내포하고 있는 한반도 최북단의 강江이다.

07

우리의 대표 장류인 간장과 된장의 기원은 고조선 때부터

장류醬類

·
·
·

　우리의 전통문화를 간직한 대표적인 식품으로 간장과 된장 등과 같은 콩으로 담근 발효식품인 장류醬類를 들 수 있다. 간장과 된장은 음식의 맛을 내는 중요한 조미료이다. 『위지魏志』「동이전東夷傳」 '고구려조高句麗條'를 보면 '선장양善醬釀'이라는 말이 등장하는데 이는 '장 담그기와 술을 잘 빚는다.'고 하여 발효식품의 유구한 역사를 논증하고 있다. 『삼국사기』에도 기록된 신문왕 폐백 품목으로 나오는 시메주 시(豉)는 콩을 삶아서 낱알로 발효시킨 낱알 메주를 말한다. 시는 메주의 원형이라 할 수 있는데 이를 물에 담가서 우려내

▲ 항아리에 메주를 담가 숙성기간을 거쳐 완성되는 된장과 간장(출처: 연합뉴스)

어 조미료로 썼다. 콩으로 만든 메주가 주원료인 간장과 된장은 예나 지금이나 우리 식탁에서 빼놓을 수 없는 식재료이다.

진한 냄새 때문에 도시인들의 식탁에서 멀어졌던 청국장(두시豆豉)이 다시금 건강식으로 각광을 받고 있다. 콩을 발효시켜 만든 청국장은 고조선 영토에 살았던 기마민족에게서 그 유래를 찾을 수 있다. 짧은 시간에 만들 수 있을 뿐만 아니라 영양적인 측면에서도 뛰어나 전장戰場에서도 쉽게 먹을 수 있어 전국장戰國醬이라고도 한다.

따라서 淸麴醬청국장이란 맑고 깨끗한 물에 불린 콩을 삶아 유익한 효모가 많은 볏짚과 함께 항아리에 넣어 따뜻한 온도에서 띄워 먹는 장류를 말한다. 다른 장류에 비해 비교적 짧은 기간인 2~3일이면 먹을 수 있는 청국장은 대체로 가을부터 이듬해 봄까지 만들어 먹었다. 구수한 냄새와 함께 소화가 잘되며 콩에 담긴 유용한 단백질을 섭취할 수 있는 건강식이다.

장 醬(장)은 장차 장(將)과 닭 유(酉)로 구성되었다. 將(장)은 소리요소이기도 한 나뭇조각 장(爿)과 고기 육(月=肉), 그리고 마디 촌(寸)으로 이루어졌다. 爿(장)은 가구나 생활용품을 만들기 위해 통나무를 반으로 쪼갠 모양을 본뜬 것으로 여기서는 고기를 올려놓기 위해 만든 도마를 뜻한다.

肉(육)은 크게 썬 고깃덩이를 뜻하는 상형글자인데, 일반적으로 짐승의 사체에서 잘라낸 살코기를 뜻하며 肉(육)자가 다른 부수와 합해질 때 군살 胬(노)처럼 자형의 하부에 놓일 때도 있으며, 자형의 좌측이나 상부에 놓일 때는 배 腹(복)이나 장수 將(장)과 같이 동일한 뜻을 지닌 月(육달월)로 줄여 쓰이기도 한다.

길이나 법도라는 뜻을 가진 寸(촌)은 손목(十)에서 맥박

(ヽ)이 뛰는 촌구맥까지의 길이를 나타내는데, 보통 손가락의 두 번째 마디와 일치해 한 치의 길이를 헤아리는 기준이 되기도 한다. 여기서는 손으로 뭔가를 잡고 있는 용도로 쓰였다. 그래서 將(장)의 의미는 전장에 앞서 승리를 기원하는 제사를 지내기 위해 제물의 하나인 고깃덩이(肉)를 올린 도마(爿)를 양 손(寸)으로 들고서 제단에 받치는데, 이때는 직급이 높은 장수가 하기 때문에 '장수'라는 뜻을 지니게 되었으며, 또한 이러한 제사는 아직 오지 않은 미래의 일에 대한 기원이기 때문에 '장차'라는 뜻도 지니게 되었다.

酉(유)는 술 항아리의 모양을 그대로 본뜬 상형글자다. 본래 '술'이라는 뜻이었지만 열 번째 지지(地支)인 '닭'이라는 뜻으로 차용되자 액체 상태의 술을 뜻하는 물 수(氵)를 더해 '술 酒(주)'를 따로 만들었다. 따라서 醬(장)의 전체적인 의미는 지금은 아니지만 장차(將) 항아리에 담긴 술(酉)이 발효되듯이 일정시간이 지난 이후에 먹을 수 있는 된장이나 간장 등을 뜻한다.

장醬이란 우리민족이 음식을 조리하는 데 양념 역할을 하는 식재료인 간장·된장·고추장 등을 일컫는 말이다.

214

08

한국의 대표적인 발효음식으로 세계인들의 주목을 받고 있는

김치|沈菜

＊
＊
＊

오늘날 일반적으로 통용되는 '김치'라는 단어는 '침채沈菜'에서 유래됐다. 소금물에 담가 절여 장기 보관할 수 있게 '담근 채소'라는 뜻이다. 무를 소금물에 절인 것이 동치미인데 겨울에 소금물에 담가 절여 먹는 침채를 가리키는 말은 동침冬沈이가 변형된 말이다.

이러한 단순한 염장鹽藏 음식에 대해 『삼국지三國志 위지동이전魏志東夷傳』에는 "고구려에서는 발효식품을 만들어 먹었다."고 기록되었으며, 이규보의 『동국이상국집東國李相國集』에는 무를 소금에 절인 장아찌와 동치미에 관한 기록이

전한다.

한국인의 대표음식인 붉은 배추김치가 등장한 것은 아메리카 대륙에서 유래한 고추가 포르투갈 상인들을 통해 동아시아로 전해진 이후이다. 고추는 임진왜란을 통해 전해졌다고는 하지만, 전래 이후 바로 사용되지는 않았던 것으로 보인다. 한참 후인 1613년의 『지봉유설』에 등장하는 걸 보면 그 무렵 재배되기 시작했으며, 1766년의 『증보산림경제』를 보면 이때부터 고추가 김치 조리에 이용되었다는 것을 알 수 있다.

요즘과 비슷한 형태의 배추통김치 조리법은 1800년대 후반부터 조리서에 나타나기 시작한다. 저자를 알 수 없는 1800년대 말 조리서인 『시의전서是議全書』에 숭침채菘沈菜 '배추통김치'라는 조리법을 설명하고 있다. 그러나 일반 서민들은 배추를 쉽게 구할 수 없었다. 그러다 우장춘禹長春 1898년~1959년박사가 배추를 품종개량하여 대량 생산이 가능해지자 비로소 김치가 서민들의 밥상에 오르게 됐다.

요즘에는 한류로 인해 배추김치가 한국의 대표적인 발효음식으로 전 세계인들의 주목을 받고 있다. 지난 2013년에는 유네스코로부터 인류무형문화유산으로 지정되었을 정도로 한국인의 대표음식으로 자리매김하였다. 그런데도 중국

▲ 김장김치와 동치미(출처: 연합뉴스)

은 문화공정의 일환으로 우리의 김치를 파오차이泡菜라며 자기네 것이라고 부르짖고 있다.

김치는 장기 보관할 수 있는 문화적 시스템의 유무에 따라 그 존폐가 갈린다. 우리에겐 전통적으로 겨우 내내 꺼내 먹을 수 있도록 숨 쉬는 항아리인 김장독이 가정마다 있어왔다. 요즘에는 그 전통을 김치냉장고가 대신하고 있다. 우리는 '김치의 종주국'답게 거의 모든 가정에 김치냉장고 한두 대쯤은 기본으로 갖추고 있다. 하지만 중국의 가정도 그러할까?

가라앉을 沈(침)의 구성은 여러 갈래의 물길이 모이고 흩어지는 강물을 상형한 물 수(水)의 간략형인 수(氵)와 머뭇거릴 유(冘)로 짜여 있다. 冘(유)는 사람 인(人)과 덮을 멱(冖)으로 구성되었다. 그 뜻은 사람(人)이 뭔가에 덮여(冖) 머뭇거리고 있는 모양을 그려내고 있다. 따라서 沈(침)의 전체적인 의미는 사람이 물(氵)에 빠져 허우적거린다는(冘) 데서 물속으로 '가라앉다' '잠기다'는 뜻을 지니게 되었으며 사람의 성(姓)으로 쓰일 때는 '심'으로 읽는다.

나물 채(菜)의 구성요소는 풀 초(艹)와 채취할 채(采)로 짜여 있다. 艸(초)에 대해 허신은 "艸는 모든 풀을 의미하며 두 개의 屮(초목의 싹)로 짜여 있다."고 하였다. 나아가 屮(풀철)이 세 개인 것은 보다 간소하게 '풀 훼(卉)'로 하였고, 屮(풀)이 네 개인 것은 '잡풀 우거질 망(茻)'으로 하였는데, 대부분의 자형에서 글자의 상부에 놓일 때는 艹(초)로 약칭되었다. 采는 손톱 조(爫)와 나무 목(木)으로 구성되었는데, 爪(조)에 대해 허신은 『설문』에서 "爪는 손으로 잡는다는 뜻이다. 손바닥이 아래로 향하게 하는 것을 '爪'라 하며 상형글자이다."라고 하였다.

반면에 손바닥이 위로 향하게 하는 것은 '掌(장)'이라고 한다. 다른 부수에 더해져 자형을 이룰 때 주로 爫(조)로 쓰이는 경우가 많다. 그 의미는 손(⺕)을 이용해 두릅과 같이 나무의 새싹을 딴다는 행위적 양태가 그려져 있다. 따라서 전체적인 의미는 시금치나 쑥갓과 같이 땅 위에 자라는 푸성귀(艹)나 나무(木)에서 채취(⺕)해서 식용할 수 있는 온갖 나물류를 총칭한다.

침채沈菜란 우리나라만의 고유한 역사를 지닌 식문화의 일종으로 배추나 무(菜)를 소금에 절여(沈) 만든 김치를 말한다.

막걸리膠

·
·
·

우리 민족은 오래전부터 음주가무飮酒歌舞를 즐겼는데, 술에 대한 기원은 『삼국사기 가락국기駕洛國記』에 수로왕에게 제사를 지내기 위해 요례醪醴를 빚었다는 기록이 있다. 막걸리는 삼국시대 이전부터 있었던 것으로 추정할 수 있다. 이외에도 『삼국지위서 동이전』이나 『해동역사海東繹史』 등에도 '멥쌀로 빚은 신라주新羅酒'라는 기록이 있는 것으로 미루어보아 막걸리는 우리 민족이 오래전부터 빚어 마셨던 가양주家釀酒였을 것이다. 이는 청주·탁주·소주의 기원이기도 하다. 막걸리를 가열하여 증류주로 빚었던 소주燒酒, 쌀·누룩·

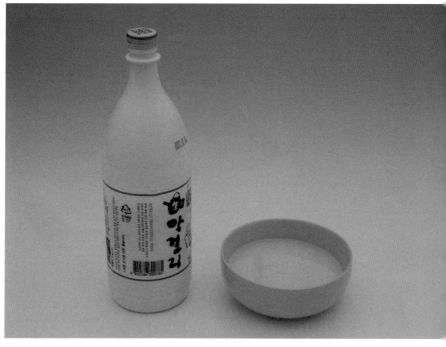
▲ 우리 민족이 오래전부터 빚어 마셨던 가양주(家釀酒) 막걸리(출처: 이종백 연합뉴스)

물 등을 원료로 하여 빚어서 걸러낸 맑은 술인 청주清酒, 그
리고 찹쌀·멥쌀·보리·밀 등을 쪄서 누룩과 물을 섞어 발효시
킨 우리 고유의 술이 바로 중국대륙에서 찾아보기 힘든 막걸
리다.

막걸리는 계절에 따라 주재료를 달리하였다. 가을철에
씨앗을 파종하여 겨울철의 냉기를 함유한 밀과 보리는 무더
운 여름철에 시원한 음료로 각광을 받았고, 여름과 가을철을

나며 따스한 온기를 담은 멥쌀이나 찹쌀은 추운 겨울철을 견딜 수 있게 하였다.

인류 역사상 가장 오래된 음료 중의 하나가 술이다. 각 문화권에서는 각기 풍토에 알맞게 산지의 생산물을 이용해 술을 빚어 왔다. 우리에게는 대표적인 술 막걸리라는 탁월한 발효식품이 있다. 막걸리가 세계적으로 각광받는 야쿠르트에 비해 유산균의 함량이 월등하다는 점은 더 이상 말이 필요 없다. 또한 식이섬유와 유산균이 월등해 소화불량과 변비에 특효라는 것은 이미 널리 알려진 바이다.

여름철엔 밀 막걸리를, 겨울철엔 쌀 막걸리가 제격

우리가 일상에서 간과하고 있는 게 있다. 바로 음양의 관념이다. 옛사람들은 매사에 음양의 관념을 일상에 적용해 왔다. 술에 있어서도 예외는 아니었다. 요즘 막걸리의 주원료인 '쌀'이 1년 열두 달 내내 좋은 것만은 아니란 점을 우리 조상들은 알고 있었다.

쌀은 대표적인 여름작물이다. 봄철부터 늦가을까지 양기陽氣를 듬뿍 받으며 자란 쌀은 추운 겨울철에 먹어야 하는 대표곡물이다. 몇십여 년 전만 해도 '쌀밥'이 부의 상징처럼 여겨진 때도 있었지만, 유독 동양인들에게 당뇨병이 많은 이유가 쌀밥과 무관치 않다는 점을 상기해야 된다. 쌀이 좋기는 하지만 한국인들에게 지나치게 남용(?)되고 있는 게 문제다.

옛사람들은 무더운 여름철에는 음기陰氣를 듬뿍 안은 보리나 밀을 주식으로 삼아 대자연의 순환시스템을 따랐다. 밀과 보리는 1년 중 냉기冷氣가 시작되는 늦가을에 파종하여 극심한 추위가 맹위를 떨치는 한겨울을 지나 늦봄에 수확하는 냉성곡물이다. 그래서 무더위를 나게 하는 여름철에 먹어야 하는 곡물이다.

이로 미루어 보아, 한여름 불볕더위가 기승을 부릴 때는 보리나 밀 막걸리가 제격이다. 온통 쌀 막걸리 천지인 요즘, 막걸리 제조업자들이 조상님들의 지혜를 담아 여름철에는 '밀 막걸리'를 주조해준다면 국민건강에도 이로울 것이란 생각이다.

술에 음양이 있듯 사람의 몸도 음체질과 양체질로 나눌 수 있다. 물론 더 나아가 4상, 8상, 16상을 비롯하여 오운육기학五運六氣學을 적용하면 6,400가지 체질로 나눌 수 있지만, 소우주인 몸 역시 대우주와 마찬가지로 늘 변화하고 있다. 이에 따라 음식물을 섭취할 때 적어도 현재의 몸 상태가 음인지 양이지만 구분해도 건강에 매우 유용하다.

입이 바짝바짝 타는 듯하고 눈이 충혈되어 있다면 몸속에 열이 차올라 있다는 것이니 냉성음식을, 반대로 기력이 떨어지고 뱃속이 니글거린다면 혈액순환 부진에 따른 것이니 열성식품을 섭취해야 한다. 다시 말해 열이 날 때는 몸을 식혀줄 '밀 막걸리'가 제격이고, 몸이 차가울 때는 몸을 덥혀줄 '쌀 막걸리'가 도움이 된다는 말이다. 우리가 일상에서 접할 수 있는 술 중에 냉성주류로는 밀과 같이 겨울철을 나며 냉기를 받은 호프가 주원료인 맥주를 들 수 있는데, 이러한 인식이 확산되면 밀 막걸리가 수입산 맥주를 대신할 수도 있을 것이다.

현대인들은 크고 작은 스트레스로 인해 충동적이고 과민한 성격을 드러내기 쉬우니, 조상님들의 슬기로운 지혜를 본받아 '밀 막걸리'가 절실한 현실이다. 세상의 안정은 크게는 음양의 균형이 중요하다. 앞으로도 쌀 막걸리 일변도로 나아간다면 양성주류인 소주 양주와 함께 더욱 열 받는 세상을 만들어낼지도 모를 일이다. 술! 자신을 알고 술도 알면 약이 될 수 있지만, 자신의 몸 상태도 모르고 무작정 마시다간 독이 될 수도 있다.

막걸리 醪(료)는 닭 유(酉)와 높이 날 료(翏)로 구성되었다. 酉(유)는 술 항아리의 모양을 그대로 본뜬 상형글자다. 본래 '술'이라는 뜻이었지만 열 번 째 지지(地支)인 '닭'이라는 뜻으로 차용되자 액체 상태의 술을 뜻하는 물 수(氵)를 더해 '술 酒(주)'를 따로 만들었다. 항간에서는 주도酒道를 말하면서 술 마실 때는 실수를 줄이기 위해서 닭(酉)처럼 한 모금한 모금 물(氵)을 쪼아 먹듯 해야 한다고 풀어 말하기도 하는데, 이처럼 교훈적 의미를 담아 해석할 수도 있을 것이다.

높이 날 翏(료)는 깃 우(羽)와 숱 많고 머리 검을 진(㐱)으로 구성되었다. 羽(우)에 대해 허신은『설문』에서 "羽는 새의 기다란 깃털을 뜻하며 상형글자이다."라고 하였다. 새의날개는 반드시 짝으로 되어 있기 때문에 나란히 그렸는데, 좌우 날개를 상형한 非(비)가 '아니다'라는 의미로 확장되자 羽(우)가 그 역할을 하고 있다. 따라서 羽(우)는 다른 부수에 더해져 주로 '날개'나 '난다'는 의미로 쓰이고 있다.

㐱(진)은 서있는 사람을 상형한 사람 인(人)과 터럭 삼(彡)으로 구성되었다. 彡(삼)은 가지런하게 난 짐승의 윤기있는 털을 본뜬 것인데, 다른 자형에 더해져 '빛나다'는 뜻을지니게 한다. 이에 따라 㐱(진)은 사람(人)의 숱이 많고 검게빛나는(彡) 머리털을 말한다. 그래서 翏(료)는 머리털(㐱)을휘날리며 날개(羽)짓 한다는 데서 '높이 날다'는 뜻을 지니게 되었다.

이에 따라 막걸리 醪(료)는 마시면 높이 하늘을 날(翏)만큼 기분이 좋아지는, 곡기를 해결할 수 있는 술이란 뜻을 담고 있다. 청주나 소주에 비해 그 빛이 흐릿하다는 데서 탁주(濁酒)로도 불린다.

10

논농사를 통해 벼를 재배했던 논과 못이나 둠벙의 의미

답畓과 못池

한반도에 정착한 우리 민족에게 있어 벼농사는 필수적이었다. 요즘과 같이 수리시설이나 저수지 등의 축조가 충분하지 않은 시절 모내기 철이 되면 물의 확보가 관건이었다.

물을 이용해 농사짓는 모습을 그려낸 글자가 바로 논 畓답이다. 글자의 구성은 물 수水와 밭 전田으로 이루어졌다.

물 水(수)에 대해 『설문』에서는 "평평하다는 뜻이다. 북쪽 방위를 나타내는 오행이다. 여러 물줄기가 나란히 흐르는 가운데 미미한 양(陽)의 기운이 있는 것을 본떴다."고 하였다. 갑골문의 자형이 역(易)의 괘체 중의 하나인 물을 뜻하는

坎(감, ☵)을 세로로 세운 것과 같아 외곽의 陰(음, --)이 가운데 陽(양, 一)을 에워싼 모양에 빗대어 설명한 것이다. 이 水(수)자를 다른 글자에 더해 쓰는 경우는 드물고 간략하게 氵(수)로 자형의 앞에 붙여 쓰는 경우가 더 많았다.

밭 田(전)자에 대해 『설문』에서는 "田은 진열한다는 뜻이다. 곡식 심는 곳을 '田전'이라 하며 상형글자다. 口(위)와 十(십)으로 구성된 것은 천백(千百)의 제도를 뜻한다."고 하였다. 갑골문의 자형도 현재와 비슷하다. 田(전)은 또한 '사냥

하다'는 뜻도 있는데, 고대 사람들은 밭과 같은 일정한 크기의 구획 안에서 사냥경기를 하였기 때문에 허신도 '베풀다' '벌이다' '진열하다'는 뜻을 지닌 진(陳)자를 활용하여 '陳也'라고 한 것 같다.

논 畓(답)은 물(水)을 이용하여 농토(田)에서 벼농사를 짓는 모양을 그려낸 글자다.

관개시설이 충분히 확보되지 않았던 고대에는 자기 논에 물을 대려는 물싸움도 잦았을 것이다. 그 해결책 중의 하나로 언제든 물을 댈 수 있는 둠벙을 곳곳에 두었다. 대부분 논보다는 낮은 곳에 위치한 둠벙의 물을 퍼 올리기 위해서는 용두레(용두레 桝적)와 같은 도구가 필요했다. 보통 두 사람이 한 조가 되어 용두레나 맞두레, 용두레로 둠벙의 물을 퍼 올려 벼이삭이 잘 자랄 수 있도록 하였다.

못을 그려낸 글자로는 주변의 온갖 물을 불러 모으는 못 소(沼), 고요하고 깊디깊은 못 연(淵), 깊고 넓은 못 담(潭), 오목하게 땅이 패여 물을 끌어들이는 못 택(澤) 등이 있는데 우리의 정서가 담긴 글자는 못 지(池)라 할 수 있다.

이 '못 池(지)'자는 물 수(水)의 간략형인 수(氵)와 어조사 야(也)로 이루어졌다. 어조사 也(야)는 새로운 생명을 탄생시키는 여성의 자궁을 상형한 것이었으나 지금은 본뜻을 잃고 문장 끝에 놓여 어조사로서의 기능을 하고 있다. 따라서 못 池(지)에 담긴 뜻은 생명을 탄생시키는 자궁(也)과 같이 물길(氵)을 끌어들여 온갖 수생식물은 물론 수서생물들이 서식할 수 있는 여건을 제공하는 연못이라는 의미를 담고 있다.

못은 벼농사를 짓기 위한 물대기용이었지만, 가을이 되어 추수가 끝나고 농한기가 찾아오면 온 동네사람들에게 먹고 마시는 잔치판을 벌려주는 계기를 제공하기도 하였다. 마을 장정들 여럿이서 바가지는 물론 온갖 도구를 이용하여 못의 물을 퍼내고 그곳에 서식했던 미꾸라지 메기 붕어 등을 잡았다. 미꾸라지는 추어탕을 끓이고 붕어와 메기 등은 매운탕 감으로 사람들의 환호를 불러일으키기에 충분했다.

답지畓池란 우리민족이 주업으로 삼았던 벼농사를 짓기 위해 조성한 논(畓)과 물을 저장하기 위해 농지 곳곳에 파놓은 못(池)을 말한다.

11

중원 대륙에선 재앙이지만
한반도에선 풍요로운 가을의 상징인

메뚜기蝗秋

· · ·

황금물결이 출렁이는 가을은 예나 지금이나 풍요로운 계절이다. 형형색색의 가을단풍과 함께 오곡백과가 풍성하게 온 대지에 들어차 사람들과 사람들 사이엔 미소가 가득해지는 나눔의 계절이기도 하다. 그러나 우리와는 달리 저 중원의 대륙은 그렇지만은 않은 것 같다. 펄 벅의 『대지』에는 공포의 계절로 등장한다.

"남쪽 하늘에 작은 먹구름이 이는가 싶더니 삽시간에 부채꼴로 퍼지며 온 하늘을 뒤덮었다. 세상이 온통 밤처럼 캄

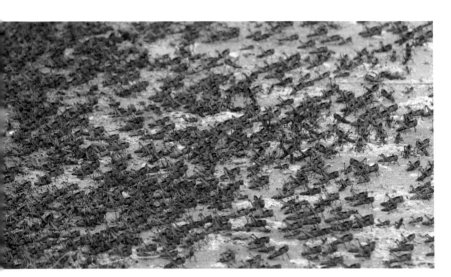

▲ 전남 해남군 산이면의 간척 농지에 출현한 이동하는 메뚜기떼(출처: 형민우 연합뉴스)

캄해지고 메뚜기들이 서로 부딪치는 소리가 천지를 진동했다. 그들이 내려앉은 곳은 모두 졸지에 누런 황무지로 돌변한다. 아낙네들은 모두 손을 높이 쳐들고 하늘의 도움을 청하는 기도를 올렸고 남정네들은 밭에 불을 지르고 장대를 휘두르며 메뚜기 떼와 싸웠다."

중국이 최악의 가뭄을 겪은 적이 있었던 당시 엎친 데 덮친 격으로 메뚜기 떼마저 극성을 부렸던 시대상을 묘사한 『대지』의 한 장면이다.

우리에게 메뚜기는 옛 어른들에게는 추억의 간식거리이자 고단백 식품으로 요깃거리였다. 어른들에게는 고소한 맛이 일품인 술안주로도 사랑받았다. 그러니 들판의 메뚜기는 단백질 공급원으로서 샛노란 색의 외피를 입은 황제와 같은 대접을 받았던 것이다. 그러나 중국의 지나支那족은 곡식에 막대한 피해를 주는 황충蝗蟲이라 멸시하고 천대하며 벌레취급을 하였고 식용으로는 꿈에도 생각지 않았다.

메뚜기 蝗(황)은 벌레 충(虫)과 임금 황(皇)으로 짜여 있다. 虫(충)은 벌레나 파충류, 그리고 양서류와 같은 생물들이 자신만이 들어갈 수 있는 굴이나 집을 지어 사는 벌레의 총칭이다.

皇(황)은 흰 백(白)과 임금 왕(王)으로 짜여 있다. 皇(황)은 흰 백(白)과 임금 왕(王)으로 짜여 있다. 白(백)은 사람의 엄지손가락을 본뜬 것으로 손톱의 흰 부위를 나타낸 데서 '희다'라는 뜻을 지니게 되었다. 그러나 '엄지손가락'의 흰 부위를 본떴다는 설 외에도 '사람의 머리'를 상형하였다는 설이 있는데, 갑골문에서는 白(백)과 百(백)이 혼용되다가 금문(金文)에 이르러 百(백)이 숫자 100을 뜻하는 것으로 정착되어 희다는 뜻을 가진 白(백)과 구분하기 시작하였다. '희다'는 뜻으로 주로 쓰이기는 하지만 사람의 머리를 상형하였다는 설이 있어서인지 '아뢰다'는 뜻도 있다.

王(왕)에 대해 허신은 『설문』에서 "王은 천하가 돌아가는 곳"이라며, 가로의 삼 획이 의미하는 하늘 땅 사람을 관통하는 것이 왕이라고 규정하고 있다. 즉 제일 상부의 一은 하늘(天), 가운데 一은 땅(地), 제일 아래 一은 사람(人)을 의미하는데, 이 셋을 아울러 관통(丨)할 수 있는 사람이 곧 왕(王)이라는 것이다. 따라서 천지인을 관통한 왕은 하늘의 천신(天神)을 향해서는 천제(天祭)를, 곡식을 관장하는 지신(地神)을 위해 지제(地祭)를, 왕실을 있게 한 인신(人神)에 해당하는 조상신을 위해 종묘(宗廟)에서 제사를 주관하게 된다.

따라서 蝗(황)의 전체적인 의미는 벌레(虫) 중에서도 인류에게 황색의 외피를 입은 자애로운 임금(皇)과도 같이 인류에게 굶주림을 해소해주는 곤충이라는 데서 '메뚜기'를 뜻하게 되었다. 이러한 의미는 다음에 살펴볼 가을 秋(추)를 뜻어보면 그 속내가 더욱 명확해진다.

가을 秋(추)의 구성은 벼 화(禾)와 불 화(火)로 이루어졌지만, 초기글자인 갑골문을 살펴보면 메뚜기를 그려 넣고 그 아래 불꽃을 상형한 불 화(火)로써 가을이란 뜻을 나타냈다. 가을 추수기를 전후해 메뚜기 떼가 출몰하는 중원지방의 특성일 뿐만 아니라 퇴치법이 암시된 것이다. 즉 밤에 불을 피워 올리기에 앞서 모닥불 주변에 구덩이를 파놓고 모여드는 메뚜기 떼를 태워죽이거나 묻어 죽였던 풍속이 반영된 것이다. 그러다 소전으로 오면서 메뚜기 대신 가을을 의미하는 '고개 숙인 벼이삭'의 상형인 벼 화(禾)가 새로운 자형으로 나타나게 되면서 '가을'이란 뜻을 지니게 되었다.

다양한 무덤양식과 제례문화

01

고인돌에서부터 한반도의 다양한 무덤의 양식

묘분총릉墓墳塚陵

⬤
⬤
⬤

선사 및 청동기시대의 대표적인 무덤의 양식은 고인돌이다. 고인돌Dolmen 또는 지석묘支石墓는 죽은 사람의 시신을 넣은 관을 묻고서 크고 평평한 바위를 몇 개의 돌로 괴어놓은 고대의 거석Megalith 구조물을 말한다. 아시아와 유럽, 북아프리카에 6만 개 정도가 분포한다. 그 가운데 한반도에만 4만여 기가 소재하고 있다.

청동기시대의 대표적인 무덤양식이자 기념물이기도 한 고인돌은 거석문화를 상징하는 대표적인 문화유산이다. 한반도를 중심으로 한 동북아시아 지역은 고인돌이 밀집된 지역이며, 주로 호남의 고창 죽림리와 도산리, 화순의 효산리와 대신리, 그리고 강화도의 부근리와 삼거리 등의 고인돌군이 유네스코 세계문화유산으로 등재되어 세계 거석문화의 중심지로 공인되었다. 이러한 고인돌은 청동기시대의 전기부터 초기 철기시대까지 약 1천여 년 동안 건축되어온 것으로 파악된다.

가장 조밀하게 분포된 지역은 전북의 고창에서 전남의 전역에 이르는 곳으로 약 2만 2천여 기 정도가 밀집되어 있으며, 이밖에 중국 요녕성에 750여 기와 일본 규슈에 600여 기가 분포된 것으로 알려져 있다. 고인돌들은 주로 강가나 하천변의 평지나 구릉에 위치하는데, 간혹 고갯마루나 산기슭에 열을 지어 무리지어 있는 경우도 있다.

고인돌은 계급 분화가 시작된 청동기시대에 주로 만들어졌으며, 경제력이 있거나 정치권력을 가진 지배층의 무덤으로 추정되는데, 돌화살촉이나 민무늬토기, 비파형동검과 같은 청동 제품 등이 주요 부장품으로 발견된다.

이와같이 옛사람들의 생활흔적을 엿볼 수 있는 것 중에서 그 당시의 문화적 풍속이 가장 잘 보존되어 있는 것으로 고고학적 유물인 무덤을 들 수 있다. 무덤은 일반 서민의 초라한 무덤에서부터 한나라를 운용한 왕릉에 이르기까지

▲ 4~6세기 정도에 만들어진 대가야 지배계층의 무덤으로 추정되는 고령 지산동 대가야 고분군(출처: 전성영 연합뉴스)

다양하나 대체로 묘분총릉墓墳塚陵으로 구분 지을 수 있다.

　　무덤 墓(묘)의 구성은 없을 막(莫)과 흙 토(土)로 이루어졌다. 莫(막, 저물 모, 고요할 맥)은 풀 초(艹)와 해 일(日) 그리고 큰 대(大)로 구성되었는데, 여기서 大(대)는 본래는 풀 초(艹)였으나 간략화시킨 것이다. 그 뜻은 해(日)가 수풀(艹) 속으로 들어가 버렸으니 '저물 모'로도 쓰이고 또한 모든 사물이 활동을 멈추고 잠 속으로 빠져드니 '고요할 맥'으로도 쓰인다. 그리고 어둠이 사위를 감싸니 아무것도 보이지 않아 '없다' 또는 '아니다'라는 부정의 뜻도 지니게 되었다. 土(토)는 갑골문에는 흙무더기를 쌓아 놓은 모습이다. 따라서 墓(묘)의 의미는 산야에 쌓여 있는 보통 흙이 아니라(莫) 사람을 매장하며 쌓아 올린 특별한 모양의 흙(土)이라는 데서 '무덤'이라는 뜻을 지니게 되었다.

무덤 墳(분)의 구성은 흙무더기를 쌓아 올린 모양을 상형한 흙 토(土)와 클 분(賁)으로 짜여 있다. 賁(분)은 풀 훼(卉)와 조개 패(貝)로 구성되었다. 卉(훼)는 풀 모양을 상형한 屮(풀 철)이 세 개인 것을 보다 간소하게 '풀 훼(卉)'로 하였으며, 屮(철)이 네 개인 것은 '잡풀 우거질 망(茻)'이다. 貝(패)는 조개의 모양을 본뜬 상형글자이다. 앞의 다듬이질 소리 중 길쌈할 績(적)자를 참조 바람 이에 따라 賁(분)은 값나가는 재화(貝)를 풀 더미(卉)로 덮은 모양인 데서 '크다' '꾸미다'는 뜻을 지니게 되었다. 따라서 墳(분)의 의미는 흙(土)을 크고 높게(賁) 쌓아 올린 무덤으로 값진 부장품(貝)을 함께 넣은 큰 무덤을 말한다.

무덤 塚(총)의 구성은 쌓아 올린 흙무더기를 상형한 흙

토(土)와 무덤 총(冢)으로 이루어졌다. 冢(총)은 뭔가로 덮어 씌운 모양을 상형한 덮을 멱(冖)과 발 얽은 돼지걸음 축(豕)으로 구성되었다. 豖(축)은 돼지의 모양을 상형한 豕(시)에 점(丶)을 첨가한 모양인데, 豕(시)에 대해 허신은『설문』에서 "豕는 돼지를 뜻한다. 그 꼬리가 등으로 말려 올려가 있기 때문에 豕(시)라고 말한다. 털과 다리 그리고 뒤에 꼬리가 있는 모양을 본떴다."라고 하였다. 갑골문과 금문의 자형은 지금의 모양과는 달리 보다 사실적이다.

豕(시)가 다른 자형에 더해지면 돼지와 관련한 뜻을 지니게 된다. 특히 발 부분에 점(丶)을 첨가한 것은 돼지가 움직이지 못하도록 튼실한 줄로 묶은 것을 나타내려 한 것이다. 이에 따라 塚(총)의 의미는 흙(土)으로 덮어(冖) 만든 무덤인데 살아 있는 돼지(豕)와 같은 동물을 함께 순장(殉葬)한 것으로 그 규모 역시 墳(분)보다는 큼을 암시하고 있다.

큰 언덕 陵(릉)은 언덕 부(阝)와 언덕 릉(夌)으로 구성되었다. 阝(부)는 인공으로 만든 계단을 본뜻으로 한 阜(부)의 약자(略字)다. 갑골문을 보면 인공적으로 만든 계단 모양이다. 즉 고대 황하유역 사람들의 거주지였던 토굴을 오르내리기 쉽게 통나무를 깎아 계단을 만든 모양이었다. 또한 높은 언덕을 오르내리기 쉽도록 흙을 깎아내 계단을 만들었는데 본뜻인 '계단'보다는 '높은 언덕'이라는 의미로 확대되었다. 夌(릉)은 갑골문이나 금문의 자형을 볼 때 본뜻은 '뭔가를 머리에 이고 언덕을 오르는 사람'이었으나 소전으로 오면서 사람을 뜻하는 '先늑'모양에 천천히 걸을 쇠(夊)를 첨가하였는데, 그 뜻은 '언덕'이라는 뜻으로 확장되었다. 따라서 陵(릉)의 전체적인 의미는 계단(阝)을 통해야만 오를 수 있는 높은 언덕(夌)을 뜻할 뿐 아니라 그렇게 거대한 왕의 무덤과 같은 무덤을 말한다.

묘분총릉墓墳塚陵이란 고대부터 일반 서민에서 사대부나 왕족에 이르기까지 우리 민족의 주검을 안장한 다양한 무덤의 양식이다.

02

돌무지무덤과 피라미드에 남겨진 고대인들의 삶의 자취

적석총積石塚

역사의 흔적이란 쉽게 지울 수 없다. 후대 사람들은 역사적 유적이나 유물을 탐사하며 앞서간 사람들의 삶의 방식을 되살려 오늘을 살고 내일을 계획하기도 한다. 고대인들이 남긴 흔적 중 다양한 무덤 양식은 오늘날 우리에게 많은 것을 시사해 준다. 이 중 돌무지무덤積石塚은 신석기 및 청동기시대 무덤의 한 종류로서 돌을 여러 겹으로 깔거나 쌓은 무덤양식이다. 그 돌무지 사이사이에서 토기나 인골 등이 확인된 점으로 미루어 무덤으로 판단한다.

과거 고조선 및 고구려의 영토였던 집안集安일대는 물론

한반도 전역에는 계단식돌무지무덤의 일종인 적석총積石塚과 같은 고대인들의 유적이 널려 있다. 그 대표적인 것이 압록강 인근의 집안에 소재한 장군총將軍塚이다. 현재는 중국의 영토인 길림성吉林省 집안시集安市 우산하고분군禹山下古墳群의 맨 동쪽에 자리한 고분이다. 용산龍山 남쪽 자락에 자리하고 있으며, 서남쪽으로 7.5㎞ 거리에는 국내성지國內城址가, 남쪽으로 1.5㎞거리엔 임강총臨江塚이, 서남쪽 2㎞ 거리에는 광개토대왕릉비廣開土大王陵碑와 태왕릉太王陵이 자리하고 있다.

이 장군총의 기단부 한 변의 길이는 30여m 전후이며 높이는 13.07m로 계단식의 초기 피라미드라 할 수 있다. 무덤방인 현실玄室은 무덤의 중앙부인 3층 계단 위에 자리하고 있으며, 한 변이 5.5m인 정방형이며 높이는 5.1m이다. 그 내부에는 관을 놓을 수 있는 2개의 관대棺臺가 있으며, 무덤방으로 들어갈 수 있는 입구는 5층에 있어 아래쪽으로 기울어져 있다. 정상부의 가장자리에는 일정한 간격의 둥근 홈이 파여 있는 것으로 보아, 목조 건축물이 세워져 있었던 추모 공간이 아니었을까 추정된다.

더 놀라운 사실은 현재 중국 영토인 산시성陝西省 시안西安에는 우리 조상들이 만든 거대한 피라미드 군락이 존재한다는 것이다. 이 피라미드는 대략 5,000~6,000년 전에 고조

246

선인이 만든 유적지로 1945년 인근을 비행하던 한 조종사의 촬영에 의해 발견되었다. 훗날 '몰다스프'라는 러시아 과학자가 이 부근에서 가장 거대한 피라미드를 발견하였고 주변 지역에 100개가 넘는 피라미드군을 발견하였다. 하지만 이 피라미드는 중국의 공안에 의해서 철저하게 숨겨져 있다. 학술 조사도 불가능하며 연구조차 이루어지지 않는다. 그런데 독일의 고고학자 하우스도르프가 외국인 출입금지 지역을 몰래 잠입하여 피라미드를 발견하였다. 이를 바탕으로 『Die weiße Pyramide·하얀 피라미드』라는 책을 저술하여 그 존재를 서방세계에 내놓으며 알렸으나 중국 측에서는 이를 조작이라며 일축하고 있다.

그러나 1960년대와 1970년대 중국에서 36명의 비밀 조사단이 꾸려져 유적을 조사했다. 이때 발굴에 참여한 중국의 장문구 씨의 증언에 따르면 고대한국문자와 함께 상투 머리를 한 시체까지 발견되었다고 한다. 이외에도 많은 동이족 문물이 쏟아져 나오자 발굴단장은 이 유물들이 조선인의 유물임을 알아차리고 조사단을 철수시켰으며 외부에 알리지 말 것을 협박하며 함구령을 내렸다.

한 때, 고조선의 영토였던 이 일대에는 1,000여 기가 넘는 적석총들이 널려 있다. 그러나 우리 동이족 조상들의 유

▲ 고구려의 두 번째 수도인 국내성(현재의 집안시)에 위치해 있는 방단식 적석총인 장군총. 그러나 장군총은 분명 왕릉급 무덤이기 때문에 이 명칭은 잘못된 것이다. 학자들은 이 무덤을 장수왕 또는 고구려의 시조인 동명왕의 무덤으로 추정하기도 한다(출처: 시몽포토에이전시 연합뉴스).

물이었음에도 발굴조사는 물론 접근조차도 쉽지 않음이 안타까울 뿐이다.

　　쌓을 積(적)은 벼 화(禾)와 꾸짖을 책(責)으로 구성되었다. 禾(화)의 자형은 갑골문에도 보이는데, 곡식의 이삭이 익어 수그러진 모습을 본뜬 상형글자이다. 즉 고개를 숙인 이삭(丿)과 좌우로 뻗은 잎사귀(一), 그리고 줄기(丨)와 뿌리(八)를 그려내고 있다. 責(책)의 자형상부 '主'모양은 본디 초목에 돋아난 가시를 뜻하는 朿(자)가 변한 것이다.

貝(패)는 조개의 모양을 본뜬 상형글자이다. 앞의 다듬이질
소리 중 길쌈할 績(적)자를 참조 바람 이 貝(패)가 다른 부수에 더
해지면 대부분 재화와 관련한 뜻을 지니게 된다. 이에 따라
責(책)에는 꾸어간 돈(貝)을 갚으라고 채찍 같은 것을 동원
하여 독촉(朿)한다는 데서 '꾸짖다' '조르다' '책임을 지우다'
등의 뜻이 발생했다. 따라서 積(적)의 전체적인 의미는 각자
벤 볏단(禾)을 책임지고(責) 쌓는다는 데서 '쌓다' '포개다'
등의 뜻이 생겼다.

돌 石(석)의 구성은 산기슭 엄(厂)과 돌덩이를 뜻하는
口(구)모양으로 이루어졌다. 즉 언덕이나 산기슭(厂) 아래에
굴러다니는 돌덩이(口)의 모양을 본떠 '돌'을 그려냈다.

무덤 塚(총)은 앞에서 설명한 묘분총릉墓墳塚陵의 총塚
을 참조(242~243쪽).

적석총積石塚은 고대인들의 무덤의 한 양식으로 일정
한 크기의 돌(石)을 쌓아(積) 올린 무덤(塚)의 일종으로 동이
족이었던 옛 조선古朝鮮 사람들의 무덤들이다.

03

유목·농경·수렵민족이 하늘 제사에 올린 물목

희생의 제물祭物

●
●
●

인간은 하늘을 두려움의 대상이자 더없이 높고도 높은 숭앙의 존재로 여겼다. 그래서 예부터 인간은 하늘에 경배하면서 제를 올리는 천제天祭를 지내 왔다. 일반적으로 민족이나 부족의 생활양태를 반영해 크게 유목·농경·수렵민족으로 구분할 수 있는데, 희생 犧희와 바칠 獻헌에 그 의미가 그대로 담겨 있다.

유목민족은 드넓은 초원에서 주로 양羊을 방목하며 이동식 천막인 게르Ger 등에서 생활해왔다. 따라서 그들에게 양이란 동물이 가장 소중할 수밖에 없었을 것이다.

▲ 조상신에게 제례를 올리기 위한 제사상(출처: 황봉규 연합뉴스)

다음으로 농경민족에겐 농경지를 갈아엎을 쟁기가 주요 수단이었는데, 노동력의 배가를 위해 소牛가 큰 역할을 했다. 당연히 소는 재산목록 1호였고 하늘에 제사를 올릴 때 주요한 제물祭物이 되었다. 이러한 천제의 희생물을 글자에 그대로 반영한 것이 희생 犧희자였고, 수렵민족은 사냥을 하는 데 여러모로 조력을 한 사냥개가 주요 제물이었다. 이러한 사실을 반영한 글자가 바칠 獻헌자이다.

희생 犧(희)는 소 우(牛)와 숨 희(羲)로 이루어졌다. 牛 (우)는 소의 뿔과 몸통을 강조한 상형글자이다. 소는 농경 문화권에서는 농사일을 맡아 하는 동물이며 또한 사람을 대신해서 천제天祭에 바치는 제물로 상서로운 동물이다. 따라서 돼지(豕)나 말(馬), 코끼리(象) 등은 네 다리를 그려 글자를 만든 반면 신성한 의미의 소(牛)자에는 다리가 그려져 있지 않다. 그래서 牛(우)자는 어떤 중요한 물건物件을 나타내거나 제사와 관련된 희생犧牲과 같은 의미로 쓰이고 있다.

숨 羲(희)는 양 양(羊)과 빼어날 수(秀), 그리고 창 과(戈)로 구성되었다. 羊(양)은 예부터 상서로운 동물로 여겼는데, 두 뿔과 몸통 및 네 발 그리고 꼬리 모양을 본뜬 상형글자다. 羊(양)은 牛(소)와 함께 신에게 바치는 대표적인 동물이다. 秀(수)는 벼 화(禾)와 이에 내(乃)로 구성되었다. 禾(화)는 볏대(木)에서 이삭이 여물어 드리워진(丿) 모양을 본떠 만든 상형글자로 '벼'를 뜻한다. 특히 벼는 곡식 중에서도 가장 으뜸인 점을 감안하여 모든 곡식의 총칭으로 쓰이기도 한다. 乃 (내)는 대화 중 말을 잇기가 어려울 때 '이에'와 같이 뜸을 들이며 뒷말을 이어주는 조사역할을 하지만, 여기서는 곡식의 이삭이 길게 늘어진 모양을 뜻한다. 즉 많은 벼 이삭(禾) 중

튼실하게 알곡을 맺어 길게 고개를 숙인(乃) 것을 나타내어 '빼어나다'의 뜻을 부여했다. 또한 戈(과)는 긴 나무자루 끝에 날카로운 창과 낫과 같이 또 다른 가지가 달린 무기를 나타낸 상형글자이다.

따라서 희생 犧(희)는 조상신이나 하늘과 땅에 제사를 지낼 때 소(牛)나 양(羊) 중에서도 빼어난(秀) 놈을 잡아(戈) 제단에 바친다는 데서 '희생하다'의 뜻을 지니게 되었다. 그렇다면 수렵민족의 풍속이 담긴 바칠 獻(헌)자를 자세히 풀어보자.

바칠 獻(헌)의 구성은 솥 권(鬳)과 개의 모습을 상형한 개 견(犬)으로 이루어졌다. 鬳(권)은 호피 무늬 호(虍)와 솥 력(鬲)으로 구성되었다. 호랑이의 모습을 그대로 본뜬 虎(호)의 자형상부는 머리를, 가운데(厂과 七)는 늠름한 몸통을, 그리고 하부는 사람의 발을 가차하여 그려낸 상형글자다. 다른 부수에 더해 새로운 자형을 만들 때는 보통 하부의 발(儿)을 생략한 채 虍(호)만을 사용하는데, 그래도 호랑이라는 본뜻은 그대로 살아있다.

鬲(력)은 천지인 삼원사상에 따라 세 발 달린 솥을 상형한 것이다. 이에 따라 鬳(권)은 동이족 중에서도 한민족이 친근한 영물로 여겼던 호랑이 무늬(虍)를 새겨 넣은 세 발 달린 솥(鬲)을 그려낸 것이다.

따라서 바칠 獻(헌)에 담긴 내용은 호랑이 무늬(虍)가 새겨진 세 발 달린 솥(鬲)에 개(犬)를 삶아서 제물로써 천제(天祭) 혹은 종묘에 바친다는 데서 '바치다' '올리다'는 뜻을 지니게 되었다.

제물祭物이란 고대시대부터 각 지역의 사람들이 숭앙하였던 하늘이나 조상신에게 제례(祭)를 올리기 위해 바친 재물이나 동물(物)을 말한다.

04

중원과는 다른 장례문화를 나타내는 글자들

조葬와 조弔의 차이

우리의 전통적인 장례문화는 중원인 대륙과는 여러모로 차이가 난다. 우리는 죽은 사람의 사체를 곧바로 매장하기보다는 풀로 덮어 육탈이 다되어 백골이 될 때까지 3년여 정도를 기다려 뼈만을 추려내 매장하였다. 이러한 전통을 지켜오다 소나무 관에 사체를 넣어 봉분을 만들어 매장하는 풍속으로 바뀌었다. 최근 들어서는 화장을 하여 유골만을 추려내 분쇄하여 유골함에 담아 보관하는 풍토가 조성되고 있다. 이러한 상황을 글자로 형상화한 것이 바로 장사지낼 葬장이다. 그리고 죽음을 애도하기 위한 모습도 글자에 담겨 있는데,

▲ 장례. 망자의 한과 유족들의 슬픔, 상여꾼소리가 함께 어우러지는 우리의 전통 장례풍속인 상여행렬(출처: 연합뉴스)

바로 조상할 吊조와 吊조이다.

장사지낼 葬(장)의 구성은 풀을 뜻하는 艸(초)의 간략형인 풀 초(艹)와 죽을 死(사)와 두 손으로 받들 廾(공)으로 이루어졌다.

　죽을 死(사)의 구성은 부서진 뼈 알(歺=歹)과 사람이 꿇어앉은 모습을 나타낸 匕(비) 자로 구성되었다. 歹(알)에 대해 『설문』에서는 "歺은 뼈가 부서진 잔해를 말한다. 뼈 발라낼 凸(과) 자를 반 쪼갠 모양으로 구성되었다."라고 하였다. 여기서 말한 凸(과)자는 살을 도려내고 뼈만 남겨둔 것인데, 이를 또 반으로 쪼개니 뼈의 잔해라는 뜻이다. 따라서 歺(알: 歹)이 다른 부수와 자형을 이룰 때는 '죽음'과 관련한 뜻을 지니게 된다.

　이는 곧 초장草葬 이후 육탈이 되고 앙상하게 뼈만 남은 백골(歹) 앞에서 사람이 꿇어앉아(匕) 죽음을 애도하는 모습을 그리고 있다. 두 손으로 받들 공(廾)은 오른손과 왼손, 즉 양 손으로 뭔가를 받들거나 쥐고 있음을 나타냈다. 이에 따라 葬(장)의 전체적인 의미는 죽은 사람의 사체(死)를 풀(艹)로 덮어 두 손으로 받들어(廾) 모신다는 데서 '장사지내다'는 뜻을 지니게 되었다.

　조상할 弔(조)는 활 궁(弓)과 뚫을 곤(丨)으로 구성되었다. 弓(궁)에 대해 허신은 『설문』에서 "弓은 도달한다는 뜻이다. 가까운 곳에서 멀리까지 도달하는 것이며, 상형글자다.

앞의 철기문화 중 쇠 鐵(철)자를 참조 바람 옛날 조상弔喪할 때에는 시신을 노리는 늑대 등과 같은 짐승을 막기 위하여 활(弓)을 지니고서 상여를 운구했을 뿐 아니라 무덤을 지켰다. 이러한 풍습이 오늘날까지 이어져 상주喪主는 대나무로 만든 지팡이(丨)를 그 옛날 활(弓)을 대신해 지니고 상여행렬을 따르는 것이다.

조상할 弔(조)는 입 구(口)와 수건 건(巾)으로 짜여 있다. 口(구)는 사람의 입을 상형한 것으로 인체 기관에 국한하지 않고 다양한 쓰임으로 확장된다. 먹고 말하는 것은 물론 사람이 들고나는 문이나 한 개체를 말하는 단위 등 가장 활발하게 이용되는 기본부수 중 하나이다.

巾(건)은 허리에 차고 있는 수건을 본떴다. 앞의 다듬이질 소리 중 베 布(포)자를 참조 바람 여기서 巾(건)은 수건보다는 입을 가리는 마스크의 일종을 의미한다. 동이족이 거주했던 동북방보다 습하고 날씨가 무더운 남방의 중원에서는 사체에서 나는 냄새 또한 지독했을 것이다. 그러니 조상할 때는 누구나 입과 코를 가려주는 수건을 마스크의 일종으로 써야 했을 것이다.

조조弔吊는 우리 민족의 장례풍속이 남아 있는 조상할 弔(조)와 중원지방의 조문하는 모습이 담긴 吊(조)로 구성돼 있다.

05

동이족이 개고기 먹었던 까닭은 글자 속에 담겨 있다

연然과 헌獻의 의미

．
．
．

동북아에 거주하고 있는 여러 민족 가운데, 한때 방대한 영토를 점유했던 고조선과 부여 고구려로 이어지는 동이족의 한 계열이었던 한민족韓民族을 규정하는 데에는 문화적 유사성 때문에 쉽지 않은 점이 있다. 그러나 어느 민족이건 침입한 문화에 동화되면서도 고유한 풍속은 남아 있기 마련인데 고대인들의 문화적 양식 중에서도 제사문화와 함께 장례 풍속은 비교적 그 생명력이 길어 오늘날까지도 이어져 오고 있다.

특히 농경민족이었던 한족과는 달리 수렵민족이었던 동

이족에게 개犬는 사냥용으로 때로는 호신용 때로는 식량용, 혹은 제물용으로서 매우 중요한 존재였다. 희생 희犧자로 미루어 볼 때 농경민은 소牛를, 유목민은 양羊을, 그리고 동북아의 수렵민족은 주로 개犬를 제단에 바쳤다.

따라서 이 점에 주목하면서 동북방에 거주한 고대인들의 공용어였던 한자漢字를 통해 한민족의 정체성은 물론 그림글자인 한자가 중국인들만의 전유물이 아니었다는 점을 자원의 해석을 통해 알아보고자 하였다.

고대 동북아의 주요 제물이었던 소, 양, 개

최근 한국과 중국 두 나라 간에 논란이 되고 있는 동북공정은 비단 오늘날에만 자행되고 있는 것은 아니다. 승자의 논리로 기록된 역사는 때로는 모호한 점이 많다. 그러나 글자 제작 당시의 생활양식이 그대로 담긴 뜻글자인 한자는 어떤 면에서 보면 역사적 사실을 명확히 풀어낼 수도 있다.

88올림픽 개최를 전후해 세계인들의 한민족에 대한 곱지 않은 시선은 여전히 '개고기'를 대중적으로 식용하고 있다는 사실에서 비롯됐다. 역사적으로 살펴보면 다양한 민족이 개를 식용으로 하였지만 현재는 그리 많지 않다. 현재 우리나라는 국회에서 '개식용금지법'이 통과되어 2027년에 시행될 예정으로 이 법을 따르는 것이 타당하다. 하지만 음식문화를 포함한 전통문화에는 우열이 있을 수 없기에 '개고기' 식용문화의 연원을 살피고자 한다.

개고기 식용문화는 한민족 고유의 제사문화와 관련이 깊다. 한때 대륙의 많은 영토를 차지했던 동이족東夷族의 한 일원이었던 한민족은 개고기를 신성한 제단에 제물로 바쳤었다. 고조선이 멸망하고 변방으로 몰린 동이족의 문화는 중원에서도 밀려났다. 동이족과는 그 시원이 다른 지나족인 한족漢族은 대륙을 제패한 진시황제 이후, 한나라에서는 유교儒教가 정치사회의 강령이 됨에 따라 제사문화 역시 이를 따랐다. 그래서였는지 유교가 유입된 한반도에서까지 오늘날에도 '개고기'는 제사상에는 오를 수 없는 금기의 제물이 되고 말았다.

정복당한 나라의 문화적 억압과 정신적 복속을 위해 흔히 악용되는 수단이 종교 혹은 그 민족의 전통을 짓밟는 것이다. 특히 고대사회의 특징 중 하늘땅의 신과 조상을 숭상했던 동아시아의 고대인들에게 제사는 최대의 의례행사였다. 당연히 제물로 바쳐지는 대상을 천시하거나 멸시하는 풍조를 조성하는 것 또한 그 민족의 문화를 억압하는 방법 중의 하나였다. 개고기는 한민족에겐 중요한 제물이었다. 다음의 몇 글자만 살펴보아도 이는 명확한 증거가 되고 있다.

개고기로 제사 지냈던 동이족,

중원에서 밀려나면서 개고기 문화도 밀려났다

그러할 연의 금문

바칠 헌의 금문

오히려 유의 금문

먼저 살펴볼 然(연)자를 보면 이러한 인문학적 사실이 보다 명확해진다. '그러할 然(연)'의 구성은 개고기 연(肰)과 불 화(灬)로 이루어졌다. 肰(연)은 동물의 살코기를 상형한 육(肉)의 변형인 육(月)과 개 견(犬)으로 구성되었다. 犬(견)은 개의 옆모습을 본뜬 상형글자인데, 개의 가장 큰 특징인 혀를 내민 입모양을 'ヽ'으로 표현하였다. 이에 따라 肰(연)은 개(犬)의 살코기(肉=月)를 뜻한다. 灬(화)는 불꽃을 뜻하는 火(화)의 변형이다. 火(화)는 타오르는 불꽃을 본뜬 상형글자로 주로 자형의 하부에 놓일 때는 연화발이라 하여 '灬'로 쓰기도 한다. 따라서 이 글자 然(연)에는 개고기를 식용으로 하는 동이족만의 전통이 고스란히 담겨 있다.

지금은 유교 및 불교적 사상이 유입되어 개고기를 제사

상에 올리지 않지만 고대에는 그렇지 않았다. 즉 개(犬)를 통째로 불(灬)에 그슬려 그 고깃덩이(月=肉)를 제사상에 올리는 것은 너무나 당연한 일이었기에 '그러해야 한다'는 뜻이 담겨 있다.

개고기와 관련한 또 다른 글자로 바칠 獻(헌)자를 들 수 있다. 개와 함께 호랑이는 한민족과는 문화적으로 밀접하게 연결돼 왔다. 이에 대해서는 앞서 설명한 '철기문화'(3부 06)와 '희생의 제물'(5부 03)에서 자세히 연급한 바 있다.

정리하자면 獻(헌)은 호랑이 무늬(虍)가 새겨진 세 발 달린 솥(鬲)에 개(犬)를 삶아서 천제 혹은 종묘에 바치는 것을 가리킨다.

개고기를 제물로 바치는 풍속을 담은 또 다른 글자로 猶(유) 자를 들 수 있다.

'오히려 猶(유)'의 구성은 큰 개 견(犭)과 두목 추(酋)로 이루어졌다. 犭(견)은 개의 모양을 상형한 犬(견)의 간략형으로 주로 자형의 좌변에 놓는다. 酋(추)는 항아리에 담긴 술(酉)로써 오랫동안 잘 발효시켜 좋은 향이 퍼짐(八)을 표현한 자형이다. 즉 잘 발효된 좋은 술은 우두머리와 같은 높은 사람이 마실 수 있으니 '추장' 혹은 '우두머리'와 같은 뜻으로도 확장되었는데, 본뜻은 '잘 익은 술'이란 뜻이다. 따라서 猶(유)의 본래 의미는 천지 신에게 바칠 제물인 개고기(犭)와 잘 익은 술(酉)을 제단에 올리는 것은 당연하다는 데서 '마땅히'라는 뜻이었으나, 후대로 오면서 '오히려'라는 뜻을 지니게 되었다.

동북공정과 같은 만행은 예전에도 있었다

수렵민족이었던 동이족은 특히나 친밀한 동물이었던 개를 제단에 올렸다. 동이족에게 있어 개는 사람을 대신해 제단에 오를 만큼 신성한 동물이었음을 유추해 볼 수 있다. 그러나 중원에서 밀려난 동이족의 제사문화는 오랑캐의 저급한 것으로 치부되어 제물에서마저 제외되어 버렸다. 한민족과는 달리 중원지방에서는 저급한 용도로 격하시켜버렸다.

일제가 우리 민족의 꽃인 무궁화를 말살한 정책과 다름없다. 그들은 '무궁화를 보면 눈병이 난다', '무궁화의 꽃가루는 부스럼을 나게 한다', '벌레가 많이 낀다'라는 등의 허위사실을 유포해 국화나 다름없는 무궁화를 저급한 꽃으로 비하하여 민족의 자긍심을 깎아내렸다.

이러한 내용은 範(범) 자를 풀어보면 알 수 있다.

법 범의 소전체　　　그릇 기의 금문　　　홀로 독의 소전체

'법 範(범)'은 대 죽(竹)과 수레 차(車), 병부 절(卩)로 구성되었다. 이 글자에는 고대 중원 사람들이 액땜을 하는 생활양식이 담겨 있다. 즉 수레(車)를 끌고서 집을 나서기에 앞서 사고 없이 무사귀환無事歸還을 바라는 의식 가운데 하나이다.

먼저 대나무(竹)를 잘 엮어서 바구니를 만든 다음 그 속에 살아 있는 개(卩=犬)를 넣고서 수레(車)를 몰아 바퀴로 깔아뭉개는데, 이때 개의 피가 바퀴에 묻으면 액(厄)막이, 즉 액땜을 할 수 있다고 믿었다. 그러한 유풍이 살생을 금하는 종교적 생명존중 사상의 유입 등으로 정월대보름이나 굿을 하고나서 바가지를 밟아 깨뜨려 액땜을 하는 풍속으로 바뀌었다. 그러나 이러한 액막이 풍속은 사라지고 그때 대나무로 만든 '틀'이나 '거푸집'이란 뜻으로 쓰이다 '규칙'이나 '본보기'라는 뜻으로 확장되었다.

그들은 또한 액막이의 일종으로 살아있는 개를 죽인 후 큰 도성의 4대문에 내걸어 악기惡氣나 고(蠱: 독 고)를 물리치는 명목으로 취급하거나 건축물을 짓거나 쌓을 때도 개를 희생의 제물로 삼아 저주를 막았다는 기록들이 보인다. 고조

선시대에 해당하는 청동기시대까지 개는 우리민족과 가장 친근한 동물이었다. 이러한 유물로 옛 고조선의 영토였던 만주지역에서 발굴한 이 시기의 무덤 속에는 개 뼈가 순장되어 있음이 확인되고 있다.

이상에서 살펴 본 바와 같이 한자漢字는 어느 한 민족의 전유물이 아니라 동북아 사람들이 필요에 따라 제작했던 동북아 공동의 문화유산이라 할 수 있다. 오랜 전통을 지닌 한자는 이미지를 회화적으로 전달하려는 그림문자이다. 그 속에는 글자 제작 당시 살았던 사람들의 문화적 속내를 들여다 볼 수 있는 소중한 문화유산이 담겨 있다.

또한 개는 한민족과는 매우 가깝고 친밀한 동물이었다. 비록 요즘처럼 집 안에서 키우며 당당하게 가족의 일원으로 받아들이는 반려견은 아니었지만 우리 조상들의 삶의 과정에 함께 하였다.

문화적 유형은 사람들의 관념변화에 따라 바뀌기 마련이다. 과거에는 농경과 수렵 등의 이유로 식용의 풍습이 있었다 하여도 오늘날의 우리는 현재 문화에 맞는 식문화를 정립해야 하고 우리와 함께하는 동물들에 대해서도 책임을 다해야 할 것이다.

단오제 端午祭

●
⋮
●

강릉단오제江陵端午祭, The Gangneung Danoje Festival는 강원도 강릉 지방에 전해지는 산신에 대한 제사 또는 축제이다. 국가무형문화재 제13호(1967년 지정)이며, 2005년 11월 25일에 '유네스코 세계인류구전 및 무형문화유산걸작'에 등록되었다. 중국이 이에 대해 발끈하고 있지만, 중국의 단오절과는 문화적 양식이나 행사 자체가 다르다.

음력 5월 5일로 숫자 5가 겹친다고 해서 중오重五, 혹은 重午절이라 부르기도 한 '단오'는 음력 5월의 첫째 말午의 날을 말한다. 액厄막이를 중심으로 하는 중국의 단오절과는 달리, 우리의 경우는 삼한시대부터 파종을 끝내고 많은 사람들이 모여 신神에게 제사를 지내고 난 후 술을 마시고 춤과 노래를 부르며 밤낮을 쉬지 않고 놀았다는 기록이 있어 축제적인 성향이 강하였을 것으로 추측된다.

이날은 해가 가장 긴 날인 하지夏至에 가까워 태양이 극점에 도달하는 때이므로 천중절天中節이라고도 한다. 신라 때부터 우리말로 수릿날이라고 불렸으며 '수리'는 상上, 고高, 신神, 태양을 뜻한다.

서진의 진수陳壽, 233년~297년가 쓴 『삼국지三國志 위서魏書』의 30권 「오환선비동이전烏丸鮮卑東夷傳」에는 "한韓에서는 매년 5월 논밭에 파종을 마치고 귀신에게 제사를 지내면서 사람들이 한데 모여 음주가무를 즐기는데 밤낮을 쉬지 않고 계속한다. [常以五月下種訖상이오월하종흘 祭鬼神제귀신 群衆歌舞飮酒군중가무음주 晝夜無休주야무휴]"고 기록하고 있다.

고려가요 동동動動에는 단오를 수릿날로 기록하고 있으며, 고려시대에는 왕이 조상에게 제를 지내고, 단오시를 짓고 놀이로 그날을 기념하였다. 이러한 단옷날은 강릉뿐만 아니라 한반도 전역에서 기리는 4대 명절(설날·한식·단오·추석) 중 하나로 온 국민이 즐겼다. 이날은 '창포물에 머리감기' '씨름과 그네타기' 단오부채端午扇 선물하기'를 하며, '수리취떡'

▲ 유네스코 인류무형문화유산인 강릉단오제에서 제관과 무녀, 시민들이 강릉단오제의 주신인 대관령국사성황을 모시고 대관령 옛길을 따라 강릉 시내로 향하고 있다(출처: 유형재 연합뉴스).

과 '앵두화채'를 먹고 마시면서 서로들 안녕을 기원하는 온 국민의 축제였다.

실마리 端(단, 바를 단)의 구성은 설 립(立)과 시초 단(耑)으로 짜여 있다. 立(립)은 사람(大)이 땅(一)위에 서 있는 모양을 그대로 상형한 것이다. 耑(단)에 대해 한나라의 문자학자 허신은 "耑은 식물이 처음으로 나오면서 내미는 머리다. 자형의 상부는 자라는 모양을 본떴고, 하부는 뿌리의 모양을 본떴다."고 하였다. 본디 '시초'나 '실마리' 등의 뜻을 지녔으나 그 뜻을 보다 명확히 하기 위해 설 립(立)을 첨가해 '실마리 端(단)'을 별도로 제작하게 되었다.

일곱째 지지 午(오)에 대해『설문』에서는 "午는 거스른 다는 뜻이다. 5월이 되면 음기陰氣가 양기陽氣를 거스르고 땅을 뚫고 나온다. 상형글자다."라고 하였다. 갑골문의 자형은 실타래와 비슷하지만 '절굿공이'로 보는 게 일반적이다. 그래서 '공이 杵(저)'의 본래자로 보기도 한다. 또한 절구질을 하다가 절굿공이를 세워 그 그림자로 점심 무렵의 시간을 알수 있다는 데서 '한낮'을 뜻하게 되었다. 12지지에서 동물인 '말'로 여긴 것은 가차한 것이다.

제사 祭(제)의 구성은 육달월(月=肉)과 또 우(又) 그리고 보일 시(示)로 짜여 있다. 갑골문의 자형을 살펴보면 핏방울이 떨어지는 고깃덩이(肉)를 손(又)으로 잡고 있는 모양이며, 제단을 뜻하는 示(시)가 더해져 오늘날의 자형을 갖춘 것은 금문에 이르러서이다. 肉(육)은 일반적으로 짐승의 사체에서 잘라낸 살코기를 뜻하며 肉(육)자가 다른 부수와 합해질 때는 군살 胬(노)처럼 자형의 하부에 놓이며, 자형의 좌측에 놓일 때는 배 腹(복)과 같이 동일한 뜻을 지닌 月(육달월)

로 줄여 쓴다.

又(우)는 오른손을 세 손가락으로 줄여서 만든 상형글자로 왼손에 비해 자주 쓰기 때문에 '또' '다시'라는 의미로 확장되었으나 다른 자형에 더해질 때는 주로 '손'이라는 뜻을 지닌다. 示(시)는 하늘과 땅, 혹은 조상신에게 제사를 지내기 위해 제물(一)을 올려놓은 제단(一+小)을 본뜬 것이다. 그래서 신성한 신에게 정성을 드러내 '보이다'라는 의미였으나 후대로 내려오며 그 뜻이 확장되어 '보일 시' 외에도 '땅귀신 기'와 '둘 치'로 확장되었다. 따라서 이 示(시)자가 들어가는 글자는 귀신 혹은 신령한 의미를 담게 된다. 따라서 祭(제)의 전체적인 의미는 살코기(肉=月)를 바른손(又)으로 집어 제단(示)에 올려놓고 제사를 지낸다는 뜻이 담겨 있다.

단오제端午祭란 매년 음력 5월5일 우리 민족의 축제날로, 예부터 농토에 파종을 끝내고 마을사람들이 한데 모여 신神에게 제사를 지내고 난 후 밤낮을 이어 음주가무를 즐겼던 전통놀이다.

역사는 다양한 흔적을 남긴다. 유적과 유물이 대표적이다. 문자로 기록된 문화나 문명은 그다지 믿을 게 못 된다는 사실은 여러 조작된 기록에서 엿볼 수 있다. 특히 승자의 기록에서 그러한 경우를 엿볼 수 있다.

일제의 강점기로부터 해방된 지 80여 년이 지나고 있지만 아직도 역사가 왜곡되고 인위적으로 지우려 했던 사실들이 얼마나 많은가! 특히나 승자의 기록이라는 점에서 더욱 그렇다. 그러나 유물이나 유적은 후대 사람들이 발견하고 발굴해서인지 조작이나 위조가 쉽지 않다.

우리 국토에는 수많은 문화 유적이나 유물들이 산재해 있다. 고조선은 물론 고구려·백제·신라를 비롯해 고려와 조선에 대한 수많은 외침外侵은 우리 민족을 더욱 질기고도 강인한 정신력을 함유하게 하였다. 한 나라의 갈 길인 도리道理라는 것은 회복력·독창성·다양성·문화력·지속성 등 여러 가지가 복합적으로 어우러져 국력이라는 힘으로 나타난다.

우리나라의 경우 고대의 첨단 기술력인 금속문화를 선도했을 뿐만 아니라 고려청자와 조선백자로 이어지는 섬세한 문화를 선도했던 그 정신력이 교육의 열정으로 이어지고 있다. 오늘날 기술력 근면성실을 바탕 한 혁신적인 창의력으로 전 세계를 선도하고 있다 해도 과언은 아닐 것이다.

이제 한류는 세계적 물결이다. K-팝, K-뷰티, K-반도체, K-조선, K-방산, K-자동차는 물론 IT·AI·빅 데이터·5G통신 등 전 산업분야에서 지구촌을 이끌고 있다.

한 때, 일제의 침탈과 6·25동란으로 인해 전 세계 최빈국으로 전락하며 사람들은 '헬 조선'을 체험했던 때도 있었다. 그러나 오늘날은 어떠한가! 전 세계 미래학자들은 극동아시아의 대한민국을 앞세우며 다가올 미래를 예견하고 있다. 역사는 흐른다. 그러나 그 흐름을 이끌고 밀고 나가는 것은 우리 모두의 사명이자 숙명이다.

이러한 모든 것을 위한 진취적 마당은 오직 지나간 역사를 바탕으로 했을 때 굳건히 다져질 것이다. 이 때문에라도 역사를 올바르게 인식하는 것이 무엇보다도 중요하다.

참고문헌

『역경易經』

『산해경山海經』「해외동경海外東經」

반고班固『한서漢書』「지리지地理志」

진수陳壽『삼국지三國志』「위지魏志·동이전東夷傳」

범엽范曄『후한서後漢書』

방현령房玄齡·이연수李延壽·배행검裴行儉 외『진서晉書』

두우杜佑『통전通典』

『황제내경소문黃帝內經素問』「음양응상대론陰陽應象大論」

관중關中『관자管子』

허신許愼『설문해자說文解字』

가사협賈思勰『제민요술齊民要術』

주희朱熹『태극도설太極圖說』

최치원崔致遠「난랑비서문鸞郎碑序文」

이맥李陌『태백일사』「소도경전본훈」

일연스님『삼국유사三國遺事』

김부식金富軾『삼국사기三國史記』

이암李嵒『檀君世記』

김교헌金敎獻『신단실기神檀實記』

북애자北崖子『규원사화揆園史話』

대야발大野勃『단기고사檀奇古史』

이승휴李承休『제왕운기帝王韻紀』

서거정徐居正·정효항鄭孝恒 등『동국통감東國通鑑』

안정복安鼎福『동사강목東史綱目』

『세종실록지리지世宗實錄地理志』「東國輿地勝覽동국여지승람」

홍봉한洪鳳漢 외 문헌비고文獻備考

신경준申景濬『훈민정음운해訓民正音韻解』서문

『훈민정음해례본訓民正音解例本』

이규보李奎報『동국이상국집東國李相國集』

이수광李睟光『지봉유설芝峯類說』

류중림柳重臨『증보산림경제增補山林經濟』

한치윤韓致奫·한진서韓鎭書『해동역사海東繹史』

이황李滉「도산 달밤의 내화」

이이李珥「화석정」

『대종교중광육십년사大倧敎重光六十年史』

전병훈全秉薰『정신철학통편精神哲學通編』

윌리엄 그리피스『은자의 나라 한국 The Hermit Nation Corea』

이사벨라 버드 비숍 『조선과 그 이웃 나라들 Korea and Her Neighbours』

하우스도르프 『Die weiße Pyramide 하얀 피라미드』

임승국林承國 번역·주해 『한단고기桓檀古記』

동아일보, 1929년 4월 2일자 「조선에 부탁」

조선일보, 1986년 10월 9일 목요일자, 1면과 5면

한겨레신문, 2004년 8월 13일자